河島茂生
青山学院大学准教授

生成AI社会

無秩序な創造性から
倫理的創造性へ

ウェッジ

目次

序章　創造性を求める社会

第1章　創造性とは何か

第2章　人と機械との本質的な違い

第3章 人・テクノロジー・社会の共変化

第4章　AI倫理の構築

第5章　生成AIと倫理的創造性

あとがき

本書は２０２４年９月時点の情報をもとに執筆されました。

序章　創造性を求める社会

この本のねらい

２０２２年以降、ChatGPT などの生成ＡＩ（Generative Artificial Intelligence）が大きく社会的な注目を集めています。[1] 画像生成ＡＩとしては２０２２年に Midjourney や Stable Diffusion が出て、その年の暮れには ChatGPT が出ました。２０２３年３月にはＧＰＴ－４が出て性能が格段に上がりました。それに匹敵する生成ＡＩとして Gemini や Claude3 も現れています。ＧＰＴ－４も、後続のＧＰＴ－４ｏや OpenAI o1 となり、さらなる高度な生成ＡＩのリリースも行われるでしょう。音声生成ＡＩでは Suno、動画生成ＡＩでは Sora も発表されています。本当に目まぐるしい変化です。

このような革新的な技術が出てくるなかで私たちは、いかに生きていくことになるでしょうか。特に２０１０年代以降のことですが、これからは創造性（創造的思考、創造的知性）が重要になるといろいろなところでいわれています。しかし本当にそうなのでしょうか。というのも、コンピュータにも創造性が宿っているようにみえることが増えているからです。

実際、生成ＡＩが出てくる前のＡＩは特定や予測のために使われていましたが、生成ＡＩが行うことは創造だと整理している人もいます（塩崎 2023）。たしかに生成ＡＩは創造しているようにもみえます。そうだとすると、たとえ人が創造性を発揮したとしてもコンピュータにはかなわないのではないでしょうか。それに、はたしてすべての人が創造性を発揮することなどできるでしょうか。創造性は一握りの人だけにあるのであって、多くの人にはそのような特徴は備わっていないように感じている人もいるかもしれません。読者のみなさんのなかにも「自分に創造性などあるのだろうか」と不安に思っている人は多くいるでしょう。

ルーティンワークが好きな人がいます。正解や手順があきらかで、うまくいったときにスッキリするのでしょう。とはいえルーティンワークは、創造的なことと比較すると、やはりコンピュータによって自動化されやすいといえます。一方、ルーティンワークを嫌がる人は、ルーティンワークからの解放を求めています。そうした人たちにとってルーティンワークは単調で退屈です。退屈なので集中力を欠いてしまいミスもしてしまいます。精神的にストレスです。ルーティンワークが好きな人もいるとはいえ、社会全体としては、私たちは創造性を強く求められるようになってきており、つねに新しい価値をもたらすことが課せられるようになってきています。

コンピュータによる自動化とは別の理由として、創造性を発揮することは、はなやかでやりがいがあり、ステキなことばかりのようにみえます。そのため、クリエイティブであることへのあこがれが多くの人を引きつけていることもあるでしょう（マクロビー 2023）。けれども実際は過酷なことでもあります。新しく価値あるモノ・コトを作り出すのは、さらに長期にわたってモノ・コトを作り出し続けるのは簡単なことではありません。創造的にモノ・コトを作り出すことを強制しないためには、何を根本に据える必要があるのでしょうか。

ブームとなった生成ＡＩは、さまざまな問題を抱えています。著名なＡＩ倫理の研究者がいろいろな問題を指摘した論文（Bender et al. 2021）を出そうとしたところ、勤務先から解雇されてしまいました。２０２０年末のことです。しかし、その論文で指摘された問題はいまだ解消されていません。生成ＡＩは大規模なＡＩであり、膨大な電力が必要で二酸化炭素を大量に排出します。また、支配的な立場にいるマジョリティの発言を多く学習しており偏りがあるため、マイノリティの人たちにとってよくない結果をもたらしかねません。意味や意図を理解していないにもかかわらず、ＡＩの学習に使ったテキストデータの確率論的分布にもとづいてテキストを新しく自動生成するのは、まるで「確率論的オウム」（Bender et al. 2021）のようですが、私たちは、あたかもＡＩが意味を理解しているかのように錯覚してしまいます。

SF作家のテッド・チャンは「ChatGPT はウェブのぼやけたJPEGである」（Chiang 2023）といいました。JPEGは、よく知られているデジタル画像のフォーマットです。画像の非可逆圧縮であり、人の目では認知しにくい部分のデータを削ったりすることで、見た目はほぼ変わらないままファイルのサイズを劇的に減らすことができます。非可逆圧縮は、その名の通り、そのファイルから元のデータを完全に復元することはできないという欠点も抱えていますが、可逆圧縮ではファイルサイズがわずかにしか減らないため、人がおかしく感じなければ非可逆圧縮のほうが使いやすいことが多くあります。

ChatGPT などの生成AIもJPEGのように圧縮をかけます。元のデータそのままをデータベースに入れるのではなく、元のデータの本質的な特徴を統計的につかむようにしながら次元の数を減らしデータ量を少なくします。そのうえで回答するときは、少なくなった次元の変数（損失ありの圧縮されたデータ）から元のデータに近いものを再構成して作り上げるのです。

JPEGも表示するときに、失われたピクセルのデータを隣接するピクセルから補間してなめらかな画像にしていきます。それと同様に、ChatGPT も、失われたデータを自動的に補間してなめらかな回答を作り上げます。その補間の過程で、ありもしない店や資料をでっちあげてしまうのです。

この確率論的オウム、もしくはぼやけたJPEGには、いったいどのような創造性があるでしょうか。未来を作ることができるでしょうか。倫理的な創造性を発揮することができるでしょうか。私たちは、確率論的オウムをうまく飼いならすことができるでしょうか。JPEGを何度も再圧縮すると画質が劣化するように、劣化したものを次々と生成しつづけてしまうのでしょうか。

この本では、こうしたことをめぐって考えを進めることにします。これからは、「倫理的創造性」が欠かせません。本書は、倫理的創造性とはなにか、それが求められる理由とはなにかについて語っていきたいと思います。私たちは、便利さや効率性、経済的利益につながるかといった観点からテクノロジーを考えがちです。けれども倫理的観点からテクノロジーを考えていくことはとても大切です。つまり、テクノロジーそれ自体やそれを開発・運営・利用する社会に倫理を埋め込み、わずかでも社会を正しく・よくしていくということです。そうでなくては、便利さや効率性、経済的論理に押されて倫理がなおざりにされてしまうでしょう。

なお本書においてAIという言葉は、OECDなどの定義に沿って、昔ながらのルールベースのＡＩは基本的に除き、機械学習の意味で使っていきます。ルールベースのＡＩは、人がルールや条件を明示的に書き下して、実行するステップを指示するプログラムで作られています。それに対して機械学習は、データを集めてきて学習させ、そのデータの特徴を抽出する方法です。この機械学習には、２０１０年代以降のブームを引き起こしてきた深層学習（ディープラーニング）が含まれ、その深層学習を発展させた生成ＡＩも含まれます。また、この本では、生成ＡＩと大規模言語モデルを特に区別せずほぼ同じ意味で使っていきます。

テクノロジーの高度化・ネットワーク化・遍在化

よく知られているように、コンピュータの処理速度は18ヶ月から2年ごとに2倍に増加してきました。指数関数的な増加といわれます。直感的には理解しにくいのですが、まるで『ドラえもん』に登場するひみつ道具「バイバイン」のように驚異的です。バイバインは、増やしたい物に一滴たらすと、５分経過するごとにその数が倍に増えていく薬です。物語では、くりまんじゅうが2個、4個、8個…と増えていくのですぐに食べきれなくなってしまい、どんどん増え続けるくりまんじゅうが宇宙的危機をもたらしました。

コンピュータ速度の増加ペースは、さすがに5分で倍にはなっていません。けれども、大きな施設で設置されているスーパーコンピュータの計算速度が20年後には数万円のチップで実現できるほどになっています。実際、2001年に世界最速だったスーパーコンピュータよりも、2021年のスマホのほうが計算スピードが速くなっています。2040年あたりには、現在、日本一のスーパーコンピュータである富岳と同じレベルの計算スピードが手のひらにのるコンピュータで実行できるかもしれません。

CPUはシングルスレッドでのスピードの伸びが鈍ってきていますが、複数のコアが搭載されることによって依然として指数関数的なスピードの向上が維持されています（図1）。くわえてGPUのスピードも上がってきていますし、AI専用のチップ（TPUやLPU）も開発されています。ハードディスクやSSDの容量もどんどん増加しています。

通信速度もきわめて速くなってきました。1990年代のダイヤルアップ接続は最大56Kbpsでした。いまは最大1Gbpsになっていることが多いので、1990年代から比べると実に2万倍近い通信速度になりました。10Gbpsでの接続も増えています。それを考えると20万倍近い通信速度です。こうした通信速度の向上は、人と比較すると異様

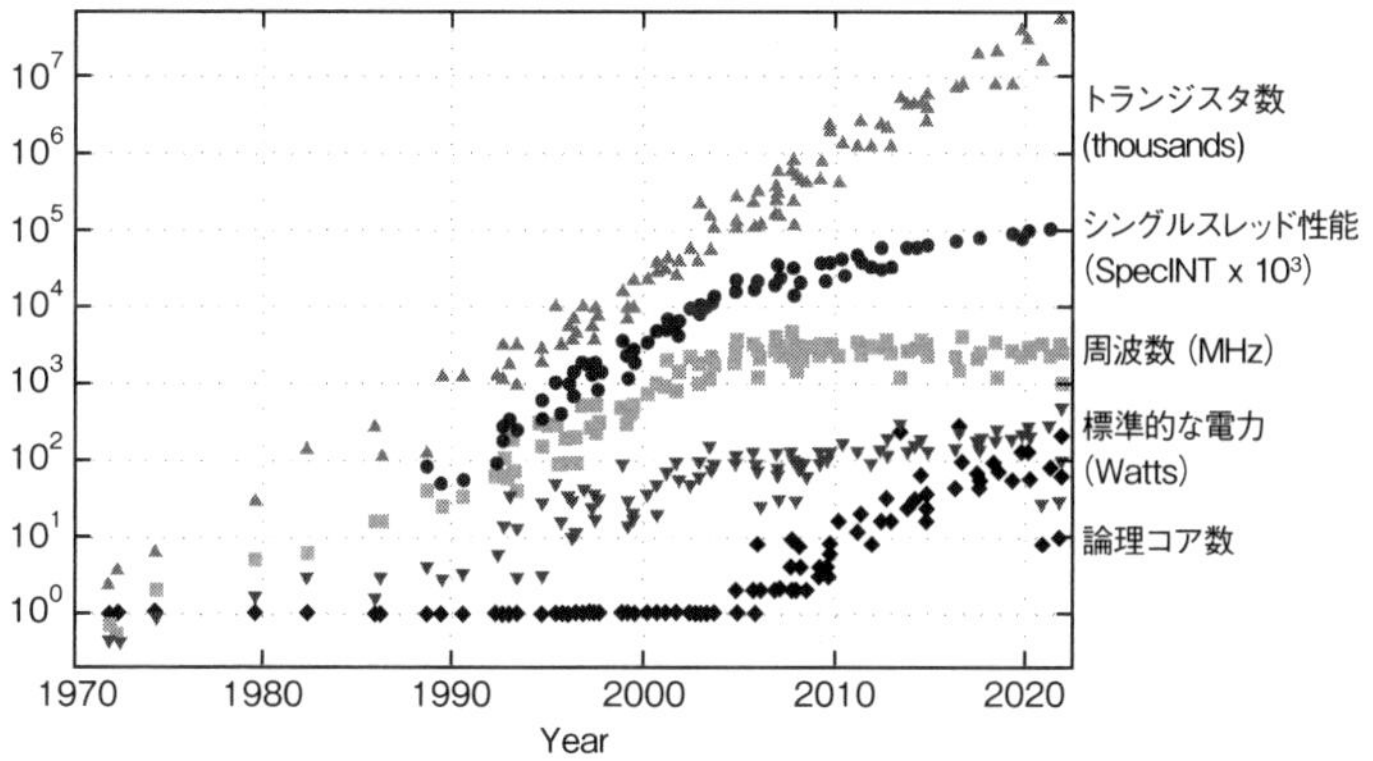

図１　マイクロプロセッサの 50 年の動向（Rupp 2022）

であることが分かります。人は、１００m走でもマラソンでも世界記録を更新したり、野球でもピッチャーの球速がかなり速くなったりしてきています。しかし20万倍には遠く及びません。通信速度は劇的に速くなっています。

また家のなかでも数えきれないほどのコンピュータがあり生活に溶け込んでいます。パソコンやスマホだけでなく、テレビ、エアコン、掃除機、リモコン、プリンタ、炊飯器、洗濯機、冷蔵庫などです。センサーもとても安価になり小型化し、消費電力も小さくなりました。数も大きく増えてきました。温度センサーや人感センサー、明暗センサーなどはそこかしこにあります。１台のスマホのなかにも加速度センサーやジャイロセンサー、磁気センサー、近接センサー、環境光センサーなど、さまざまなセンサーが入っています。年間1兆個のセンサーが生産・活用される「トリリオンセンサー」(trillion sensors)という言葉も生まれています。今後、さらにセンサーの数は爆発的に増え、医療や農業、流通などに活用されていくでしょう。

コンピュータの高度化、ネットワーク化、遍在化が同時に進んでおり、これからも進むことが見込まれます。

求められる創造的知性

こうしたなかで、人の創造的知性が注目されるようになりました。というのもコンピュータが定型的なタスク、つまり一定のパターンで繰り返し行う作業を得意としているため、それと人が果たす役割とを差別化する必要が出てきたからです。たとえばよくある問い合わせに対して、コンピュータが自動で定型文を使って答えることは以前より行われてきました。予約の受付もそうでしょう。コンピュータ化されやすいタスクは、やがてコンピュータ化されます。したがって定型的な作業ではないこと、すなわち創造的なことに人は集中すべきであるという主張が多くみられるようになりました。

もっとも参照されたのは、オックスフォード大学の報告書「雇用の未来」でしょう（Frey and Osborne 2013）。この報告書では、「手先の器用さ」「芸術」「交渉力」「説得」など9つの性質にしたがって702種の職業を検討し、10年から20年後に消える職業を予想しています。その結果、2013年当時の職業のおよそ半分（47％）がコンピュータ化されると推定されました。この47％という数字はあまりにも大きく、この10年ほど、多くの人が技術によって失業してしまうのではないかとよく話題になりました。

技術が人のタスクを代替することは多々あります。馬車をあやつる人は観光地以外ではみかけなくなりました。電話交換手も、もういません。駅の改札で切符を切る人もほとんどみかけません。埼玉の秩父鉄道では2022年まで駅員がハサミで切符を切っていましたが、ICカードの改札に変わりました。写真も、わざわざネガフィルムを写真屋にもっていって現像をお願いすることも減りました。レジも、無人レジ（セルフレジ）が普及してきています。銀行のATMや空港のチェックイン機も、その例でしょう。電子決済が普及してきているいま、銀行のATMすら置き換えられつつあります。

もし自動化の技術によって仕事が奪われてしまうと、生活ができなくなるかもしれません。多くの人が技術的失業に注目するのも当然でしょう。別の仕事についたほうがよいのか、自分の将来はどうなるのか、家族を養うことができるのか。そのように不安を感じる人が多くいます。失業までにはいたらなくとも、給料は減っていくのではないか。そういった不安もあるでしょう。会社のような組織を経営する立場の人も、今後どのような人を雇っていけばよいかを考えなければなりません。未来を担う児童・生徒・学生を育てる立場にいる人も、どのような能力が伸びるように授業していけばよいのか、どのような学習環境をととのえていけばよいのかを考えていかなければなりません。

これまで、コンピュータと仕事との関係について数多くの本や記事が書かれました。報告書「雇用の未来」はかなりおおげさな数字を出していますが、ほかの研究では、コンピュータ化される職業はもっと少ないことが示されています。タスクベース（業務ベース）でみると、その仕事の全タスクのうち70％以上がコンピュータ化される職業はＯＥＣＤ21カ国平均で９％にすぎません（Arntz, et al. 2016）。

ただし報告書「雇用の未来」で書かれていた、今後必要とされる知性に関する指摘は納得のいくものでした。報告書では、これからはホスピタリティやマネジメントのような社会的知性と並んで、創造的知性を重視しなければならないと述べられています。こういった指摘をしているのは、なにも報告書「雇用の未来」だけではありません。OECDや世界経済フォーラムなどの複数のレポートでも同様の指摘があります（OECD教育研究革新センター 2023）。

生成AIの衝撃

創造性への社会的ニーズが高まっているなかで生成AIが登場しました。生成AIは、以前から業界のなかで話題になることはありましたが、広く一般的に知られることとなったのは、DALL・E 2やMidjourney、Stable Diffusionといった画像生成AIが出た2022年といえるでしょう。「大学を油彩で描いて」「脳科学が創造性を活性化することをテーマにした絵を」と打つと、わずか数分間で見事に絵が生成されます。画風も合わせられるので、「ピカソ風に」と打ち込むと、それっぽい画ができあがります。音声生成AIや3Dモデル生成AI、動画生成AIも発表されはじめています。

生成AIのなかでも、2022年の暮れに出たChatGPT、その後に発表されたGPT-4は、特に世界中の話題をさらいました。その2年前に出たGPT-3は、業界や研究者の間では話題になりましたが、一般の人々の注目を大きく集めることはありませんでした。しかしChatGPTは、公開からわずか2ヶ月間で1億ユーザに達しています。あまりにも簡単なインターフェースで、とてもなめらかな文章を返してきます。翻訳や要約もでき、コンピュータ・プログラミングも可能であるということで衝撃をもって迎えられました。アイデア出しにも小説執筆にも使えます。メールの文章や読書感想文、アウトライン、タイトルの作成にも使えます。文章のトーンを変えることもできます。多くの言語に対応しており、スペイン語やドイツ語、フランス語、アラビア語など50以上の言語が使えます。プログラミング言語についても、JavaやPythonだけでなく多数の言語に対応しています。

詳しい技術仕様は公開されていないものの、ＧＰＴ－3がウェブ上の45ＴＢほどの大規模なテキストデータを約１７５０億のパラメータを使って学習したモデルでしたので、ChatGPTやＧＰＴ－4は、それ以上の規模になっていることは確実でしょう。ＧＰＴ－4の訓練にかかる計算量は、２０２４年6月時点で世界4位にランクインしている日本のスーパーコンピュータ富岳を１年間専有しないと実現できないレベルです（松岡ほか2023）。

ChatGPTのような会話型ＡＩは、単独で使うだけでなく他のソフトウェアと組みあわせて使うことができます。マイクロソフトは、サーチエンジンのMicrosoft BingにChatGPTを組み入れました。これまで私たちはサーチエンジンで調べものをしていましたが、今後は、AIとチャットしながらいろいろなことを調べたりすることができます。Microsoft Bingでは、簡略化されているものの文章の生成に使った参照元も示されるので、参照元にアクセスして内容を確認したり生成物の信頼性を判断することもできます。グーグルもサーチエンジンに生成AIを組み入れはじめています。

また生成AIは、サーチエンジン以外にも他のソフトウェアと連動させることで性能が一気に向上します。数学的処理は、会話型AIだけでは苦手といわれていましたが、数学のソフトウェアと組みあわさることで問題は解消されました。マイクロソフトやグーグルのサービスにみられるように、文章作成や表計算、スライド作成のソフトウェアなどと連携することで活用できるタスクも広い範囲にわたります。

ワープロの文章を自動的にスライドに変換したり、逆にスライドの資料を自動的にワープロの文章に変換してくれるだけでも、大幅に作業時間を減らすことができます。実際、同じ内容にもかかわらずフォーマットの変換をしなければならないことはよくあります。少なからず手間がかかるので、正直にいえばうんざりすることもあります。自動で変換しても度々おかしくなり、それを直すだけでかなりの時間がかかってしまうことも起きます。こうしたフォーマット変換が効率化するだけでも、とてもありがたいことです。

作業を簡単にすることは、それだけで大きなインパクトがあります。たとえば、私が大学に入った1990年代後半は、まだダイヤルアップ接続でインターネットを利用していました。よく電話線を抜き差しして、メールを取り込んでは接続を切り、メールの下書きを一気に書いて、ふたたび接続して一気に送信したものでした。複雑なプロセスではありませんが手間がかかります。それが常時接続となり、実に気軽にインターネットが利用できるようになりました。

また2000年ごろまでは、掲示板以外で自分の発信をするためには多くの場合、自分でドメインを登録してサーバを借りHTMLなどを書かなければなりませんでした。ブログも、最初はサーバにソフトウェアをインストールしなければなりませんでした。しかし、次第に会員登録するだけで自分のブログをもて発信できるようになりました。日本にはテキストサイトがありましたので、ブログによってインターネット上の発信がどれだけ変化するかは定かではありませんでしたが、多くの人がブログを開設しました。

その後SNSが流行り、日本では140字の文字制限のあるTwitter（現・X）が人気を

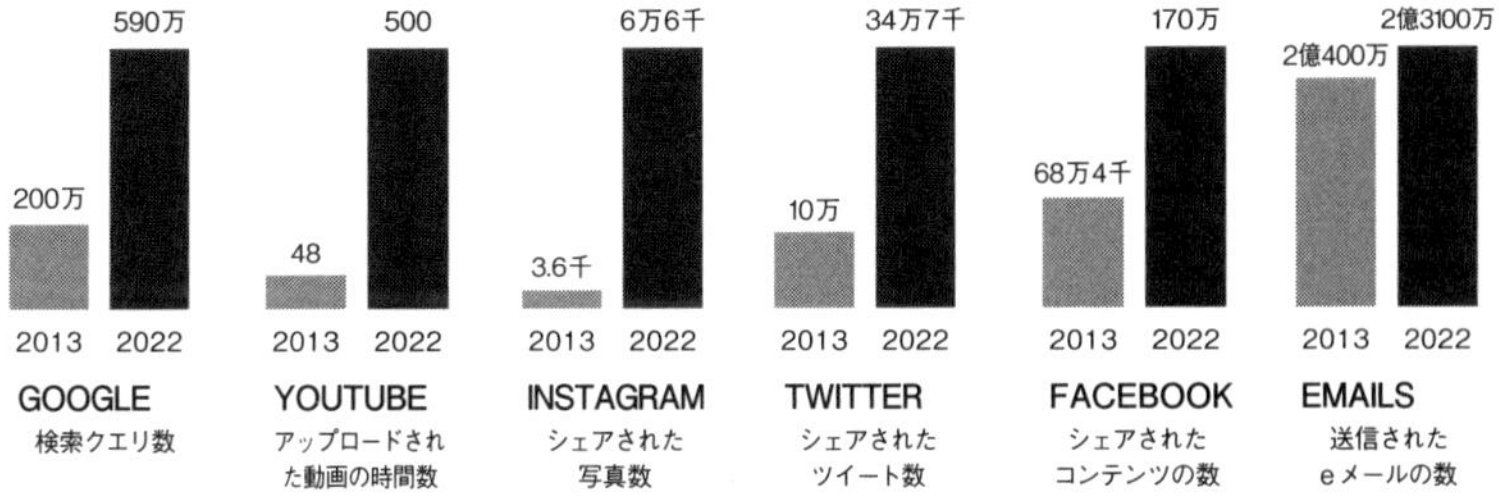

図２　ネット上の１分間あたりのデータ量（Domo 2022）

博しました。画像・動画中心のＳＮＳも、スマホのカメラ機能と合わさることで、実に簡単にコンテンツを作成し発信できるようになっています。

Domo（2022）の調べによると、YouTubeでは、わずか１分間で５００時間分の動画がアップされ、Instagramでは１分間で６万６０００枚の写真がアップされています。Facebookでは１分間に１７０万のコンテンツがアップされ、Twitterでは１分間に34万７２００のツイートが行われています。図２にあるように２０１３年時点でも膨大なデータでしたが、今ではさらに増加しています。

作業を簡単にすることは実にシンプルなことです。しかし、それがインターネットのコミュニケーションを大きく変えてきました。同様に生成ＡＩも、実に簡単なインターフェースで、これまで行ってきたタスクを簡単にするため、大きなインパクトを与えるでしょう。データ量もさらに増加するに違いありません。

生成AIと仕事との関係

そうなると、生成AIによって私たちの仕事がどのような影響を受けるのか気にせざるをえません。あとで述べるように、仕事との関係だけで創造性を把握するのは単純化しすぎです。けれども多くの人にとっては大きな関心事・心配事といえるでしょう。この10年ほどは技術と仕事との関係が活発に取り上げられてきましたが、とりわけChatGPTのような大規模言語モデルは、ホワイトカラーの仕事への影響が大きいと予想されています。

10年ほど前は、技術によって中間的なスキルの労働、つまり事務的な仕事が置き換えられるという意見がありました（ブリニョルフソン、マカフィー 2013; OECD 2016）。高度なスキルが求められる仕事は、創造性などが必要で高い報酬を得ています。一方で肉体労働も、自分の周りの環境ややるべきタスクを把握し、それに体の動きを合わせなければなりません。しかし間に挟まれた中間的なスキルの事務作業は減るとされたのです。また別の研究では、教育のレベルが低ければ低スキルの仕事をしていることが多く、そうした仕事は自

表1　汎用技術の一覧（総務省 2018）

No.	GPT	時期	分類
1	植物の栽培	紀元前 9000～8000 年	プロセス
2	動物の家畜化	紀元前 8500～7500 年	プロセス
3	鉱石の精錬	紀元前 8000～7000 年	プロセス
4	車輪	紀元前 4000～3000 年	プロダクト
5	筆記	紀元前 3400～3200 年	プロセス
6	青銅	紀元前 2800 年	プロダクト
7	鉄	紀元前 1200 年	プロダクト
8	水車	中世初期	プロダクト
9	3本マストの帆船	15 世紀	プロダクト
10	印刷	16 世紀	プロセス
11	蒸気機関	18 世紀末 19 世紀初頭	プロダクト
12	工場	18 世紀末 19 世紀初頭	組織
13	鉄道	19 世紀半ば	プロダクト
14	銅製汽船	19 世紀半ば	プロダクト
15	内燃機関	19 世紀終わり	プロダクト
16	電気	19 世紀末頃	プロダクト
17	自動車	20 世紀	プロダクト
18	飛行機	20 世紀	プロダクト
19	大量生産	20 世紀	組織
20	コンピュータ	20 世紀	プロダクト
21	リーン生産方式	20 世紀	組織
22	インターネット	20 世紀	プロダクト
23	バイオテクノロジー	20 世紀	プロセス
24	ナノテクノロジー	21 世紀	プロセス

動化されるリスクが高いという研究結果も示されていました（Arntz, et al. 2016）。けれども多くの研究では、高度な専門性が求められる仕事は、しばらくの間、それほど影響は受けないだろうと指摘されていました。

それが大規模言語モデルの登場により大きく変わりました。テキスト生成ＡＩにより、ライターの職がなくなってしまうかもしれません。画像生成ＡＩによりイラストレーターの職がなくなってしまうかもしれません。大規模言語モデルは、生身の身体を使うブルーカラーの職業よりも、ホワイトカラーで高学歴が要求されるような職業に大きな影響を与えると予想されています。

このテーマに関してChatGPTを開発したOpenAIの研究者らが論文を発表しました

（Eloundou et al. 2023）。論文のタイトルは「GPTsはGPTsである」です。単なる同語反復かと思いきや、そうではありません。ChatGPTの登場以前から、GPT（General Purpose Technology）という言葉はありました。日本語でいうと汎用技術、つまりいろいろなことに使える基幹的な技術のことです（表1）。たとえば、蒸気機関や内燃機関、コンピュータやインターネットがそれにあたります。つまり「GPTsはGPTsである」という論文のタイトルは、OpenAIのGPT（Generative Pre-trained Transformer）も、基幹技術であり、さまざまなタスクに応用されていくことを表しています。

図3[2]は、この論文にのせられていた図です。前に触れた報告書「雇用の未来」もそうだったのですが、アメリカのO＊NET（occupational information network）という職業データベースを使って分析が行われています。そのデータベースには実にさまざまな職業がのせられていて、職業ごとのタスクが20から30ほど記されています。

エクスポージャーと書かれている横軸にパーセンテージが表示されています。このエクスポージャーは、タスクを終えるまでにかかる時間が50％以上減少する——たとえば1時間かかっていたタスクが30分以内に終わる——可能性を指しています。どのような職業でも、複数のタスクから成り立っており、タスクのなかには自動化しやすいものとそうでな

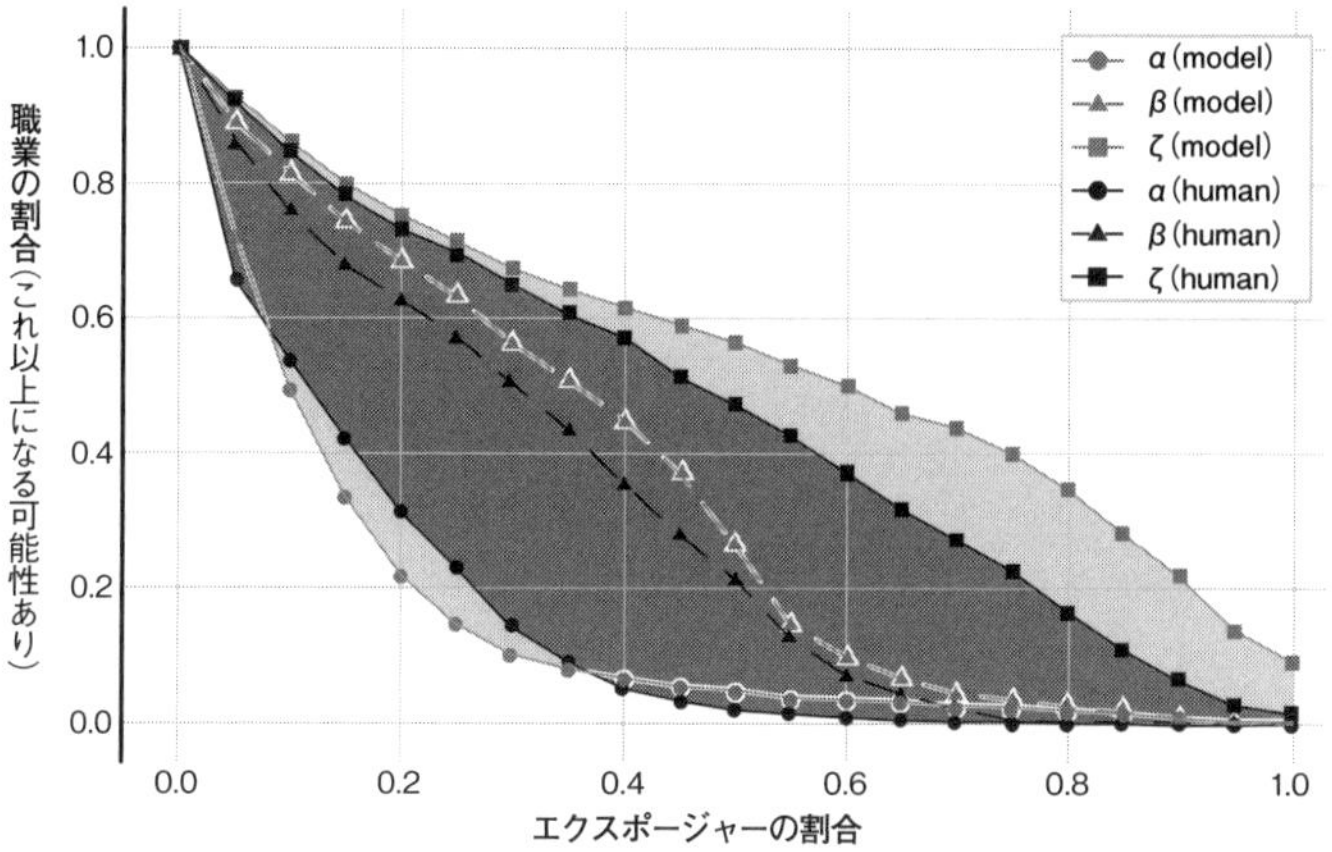

図3　職業におけるエクスポージャーの度合い（Eloundou et al. 2023）一部改変

いものがあります。したがってエクスポージャーは、必ずしも仕事がなくなることを意味していません。そういった理解でみてもらえればと思います。

図3にはα《アルファ》(human)・β《ベータ》(human)・ζ《ゼータ》(human)とありますが、この（human）がついているのは、人が評価基準の表を使い、大規模言語モデルによってどれほど仕事のタスクが影響を受けるかを推定したものです。アルファは、大規模言語モデルを単独で使った場合、ベータはこれまでのソフトウェアに大規模言語モデルをある程度埋め込んだ場合、ゼータは既存のソフトウェアに大規模言語モデルを大きく埋め込んだ場合です。

一方で（model）がついているほうは、人ではなく、大規模言語モデルのGPT－4を使って大規模言語モデルによるエクスポージャーを予想した場合です。こちらもアルファ、ベータ、ゼータと分けて予想されています。人が予想した場合と、GPT－4が予想した場合で、それほど大きな差は出ていません。

▲マークで表されているベータでみると、その職業のタスクの10％が影響を受ける職業は約8割と推定されています。これは、全職業の8割にのぼる職業が、それぞれの全タスクのうち1割のタスクが半分の時間以内で終わるということです。またベータでは、その職業のタスクの50％が影響を受ける職業は約2割とされています。ただしゼータの段階になると、もっと多くのタスクが効率化していきますので、大規模言語モデルの影響は大きくなります。その職業のタスクの50％が影響を受ける職業は約6割と予想されています。ここまで大きな影響があるため、大規模言語モデルであるGPTは汎用技術であるというのが著者らの主張です。

私としてはコンピュータやインターネットほどの基幹技術とまではいかなくとも、大規模言語モデルはいろいろなソフトウェアに組み込まれ、生成AIを使っているとは思っていなくとも実は裏側で生成AIが動いているほどまでには普及するとみています。

機械による失業への恐れ

もちろん実際にどのような仕事への影響があるかを正確に予測することは困難です。技術だけでどのような社会的影響があるかは決まらないからです。とはいえ文書作成や翻訳、プログラミング、デザインなど、定型的なタスクとはいいがたい領域にまで影響があることは避けられないでしょう。つまり従来であれば、多かれ少なかれ創造性が必要とされていた領域にまで自動化の範囲が広がってきています。

実際、いくつかの動きが出てきています。ドイツのタブロイド紙『Bild』の発行元は、AIの利用を強化する一方で、数百人規模の人員削減を計画しています。ニュースサイトのCNETでも、AIを用いた記事の生成をはじめる一方で、主要メンバーのおよそ10%を解雇しています。CNETは、AIを使った記事に誤りや盗用があったために一時的に利用を中止しましたが、今後もAIの利用を強化する方針を打ち出しています（Guglielmo 2023）。

脚本家や俳優の組合もアメリカでストライキを行いました（鈴木 2023）。ChatGPTを使い、これまでの脚本が機械学習にかけられて新たな脚本が生成されてしまうと、脚本家としての仕事がなくなってしまいかねません。また、多方面から俳優を撮影して全身や動きのデータを保存しておけば、それらの画像データからさまざまな画像や動画を新たに生成することが可能です。服を変えたり光のあたり具合を変えたりして、いろいろなことに応用できます。こうして生成された新たな画像や動画は、映画や番組に使うことができるのみならず、ゲームやCMにも利用できるでしょう。

これは音声についても同じです。声優の声を録音しておけば、そこから新たに音声を生成することができます。このようなコンテンツの生成は、当然、賃金と関係します。1日で撮影や録音が終わるとなると、たった1日分のギャラしかその俳優・声優には支払われないことになってしまいかねないからです。データさえ十分に取れれば、あとはAIでコンテンツを生成していくことができます。たとえ俳優や声優が亡くなったとしても生成していくことができます。

脚本家の組合は2023年9月に、俳優の組合は2023年11月に合意に達しました。その結果、脚本家はAIの学習データとしての脚本利用を拒否する権利などをもつことになりました（Writers Guild of America 2023）。俳優は、自身の画像等のデータを元にして新しくデジタル・レプリカが作られ、それが別の作品に転用される場合には同意などを求めることができるようになりました（SAG-AFTRA 2023）。

このような機械による失業あるいは失業への恐れは、いまにはじまったことではありません。歴史上、何度も繰り返されています。もっとも有名なのは第一次産業革命のときにイギリスで起きたラッダイト運動です。多くの労働者が紡績機によって職を失うことに不安を覚え、機械や工場を打ち壊したり労働環境の改善を求めたりしました。日本でも同様のことはあります。１９５４年に郵政省が事務機械を導入しようとしたところ、人員整理がはじまるかもしれないという不安が強まり、座り込みの反対闘争が行われました（科学技術庁 2013：57）。結果として郵政省は事務機械の導入を見送っています。

今後さらにコンピュータが高度化・ネットワーク化・遍在化していき、生成ＡＩのレベルも向上していくことを考えると「これからは創造性が大切である」といったとしても、そう簡単なことではありません。コンピュータは、もはや単なる定型的なタスクを行うだけではないからです。もしこれから創造性が大切になるなら、創造性とはいったいなにか、これから重視するべき創造性とはいったいなにかについて、正面から深く考えていく必要があるでしょう。

正直にいいますと、このテーマは、私自身にとっても本当に大切です。研究者は、創造性の一要素である「新しさ」のあることをしないと評価されないからです。そのため自分なりの創造性を作り出していかなければなりません。また教育者として未来を担う学生を育てる立場からも創造性に向かいあわなければなりません。すでに大学では2000年代に生まれている若者が圧倒的多数です。人生100年時代が本当なら、そういった人たちは2100年の社会を目にします。プラグマティズムを展開したジョン・デューイは、「教育者は他のどのような職業人よりも、遠い将来を見定めることにかかわっている」(デューイ 2004：121)といいました。不確実性が増しているなかで、遠い将来を見通すことはきわめて困難になっていますが、それでも教育者は未来と向かいあうことが求められています。創造性が求められているいま、創造性をどのようなものと考え、どのようにして学生の創造性を育めばよいのでしょうか。

求められる倫理

創造性と同時に、コンピュータ技術にかかわる倫理についても考えなければなりません。というのもコンピュータを含めた技術の社会的影響があまりにも大きくなってきており、単に作りたいものを好き勝手に作ることが許されなくなってきているからです。コンピュータについても、コンピュータ技術を介して社会をよくする倫理が欠かせなくなっています。

倫理は、人々の間にある秩序や歩む道、習わしのことをいいます。「倫理」という漢字は、「倫」と「理」からできています。「倫」は、「なかま、秩序」を意味します。「理」は、「ことわり、すじ道」のことで秩序の意味を強めています。このことから、倫理を考えることは、私たちの秩序をどのように形成していくかを考えることだといえるでしょう。私たちは、たった一人で生きているわけではありません。他者と交わらずに、たった一人で生活や仕事をしているわけではありません。そしてテクノロジーと無縁でいることも難しいといえます。どのように他者と接するか、どのようにテクノロジーを社会のなかに位置づけ社会生活を営んでいくか。こうしたことを考えつづけることこそが倫理的な行為であり倫理的なプロセスなのです。

よく情報モラルという言葉が使われます。日本の教育現場では、40年ほど前から「情報倫理」ではなく「情報モラル」教育が展開されてきました。「SNSで友だちの顔写真を勝手に発信してはならない」「スマホを使いすぎてはならない」などと「……してはならない」ことばかり強調してきました。ネットいじめや犯罪被害など、負の側面ばかり強調してきました。生活指導の一環として、しばしば体育館や講堂に児童・生徒を集め、外部の講師が講演します（坂本ほか 2020）。

しかしそうした戒めとは違い、倫理は、「よいこと」と「悪いこと」との範囲を考えたり、よいことのためにするべき義務をも含んだ幅広いことを指しています。社会の規範はどのようなものか、それにはどのような根拠があるのか、これからどのような社会規範を作っていくのかを考えることです。したがってＡＩ倫理でいえば、よりよいＡＩとはなにか、よりよいＡＩの利用とはなにか、どのようなＡＩの開発・運営が社会をよくすることにつながるのか、ＡＩを介して社会をよくするにはいかなることが求められるのか、ＡＩが組み込まれた社会のガバナンスはどのようにしていくのかといったテーマも含まれます。

私たちの社会は、すでにＡＩ社会です。自分自身の創造性を深く考えると同時に、創造性を発揮してＡＩ社会をよりよいものにしていく必要があります。いわば、私たちに求められているのは創造的な社会がこれまで以上に残酷にならないようにするための倫理的創造性なのです。

本書の組み立て

本書は、前半において「創造性」を取り上げます。第1章では、よく知られている創造性の研究について扱います。第2章では、これまでの創造性の研究では深く追究されていない人と機械との違いについて考え、それがこれからの創造性を考えるうえで大きなポイントであることについて述べます。第3章では、人と機械が合わさったユニットについて考え、社会の領域まで扱っていきます。

この本の後半は、「AI倫理」について述べます。第4章では、技術倫理がなぜ求められるのか、なかでもAI倫理はどのような特徴があるのかについて取り上げます。企業のAI倫理についても詳しく扱います。第5章では、話題で持ちきりの生成AIの倫理的側面について考えます。

注

1 生成AIは、文章を生成する大規模言語モデル、画像や動画を生成する拡散モデル等、さまざまな技術の総体です。

2 論文の図では、右上の凡例の記号がゼータではなくガンマになっていますが、論文の内容からゼータに変更しました。

第 1 章　創造性とは何か

創造性の一般的な定義

そもそも創造性（クリエイティビティ）とは何でしょうか。よく聞く言葉ですが、あまり考えたことのない人が多いかもしれません。一般的にどのように考えられているか、軽く触れておきましょう。

しばしば創造性には「新しさ」がなくてはならないといわれます。独創性や新規性といってもいいでしょう。「1＋1＝2」「太陽は東からのぼる」と自慢気にいったとしても、そこに創造性があると思ってくれる人はいないでしょう。やはり創造性には新しさが必要条件です。ほかの人から見て新しさが明確であれば、より創造性があると思ってもらいやすくなります。

けれども単に「新しい」だけでよいのかというとそうではありません。創造性には「有用さ」「有益性」「価値」がなければならないといわれることがあります。たとえば「まったく意味不明な文字の並び」や「ピアノの鍵盤をデタラメに叩いたときの音」がこれまでにない組みあわせであれば「新しさ」はあるかもしれません。しかし、それだけでは「有用さ」「有益性」「価値」がないので、創造性があるとはいわないということです。

また紙を使ってこれまでにない鍬を作っても、畑は耕せないので有用性はないといえます。ただし、この場合の有用性は場面によって変わってきます。たとえば紙の鍬は小さな子どもが屋内で遊ぶにはとても役立ちます。さらに負の価値をどのように位置づけるのかも重要なポイントです。テロ攻撃や強盗、投資詐欺、大量破壊兵器の製造など創造性のダークサイドと呼ばれるものもあります。

一般的には創造性は、新しく価値のあるものを生み出すことといってよいでしょう。このことからわかるとおり、創造性はなにも芸術表現——絵画や彫刻、機織り、音楽、文学など——に限ったことではありません。創造性を芸術だけに限ってしまうのは、たまにみかける誤解です。学者や教師にも創造性がありますし、ビジネスパーソンにも、子どもたちにも高齢者にも創造性があります。

創造性とよく似た意味の言葉にイノベーション（innovation）があります。イノベーションは、「新しいこと」を意味する nova という語が中に含まれていることからわかるように、クリエイティビティと同様、新しさに関係しています。しかしイノベーションは、経済学者のヨーゼフ・シュンペーターが作った言葉で、プロジェクトやビジネス・プロセスと強く結びついており、経済的な成果が市場で評価されてはじめて、あるいは社会に普及してはじめて、そう呼ばれます。クリエイティビティに比べて、主に産業的・経済的観点でみており、ビジネスや社会へのインパクトが強調されているといってよいでしょう。この本では、イノベーションではなく創造性に注目します。

これまでの創造性の研究

創造性については、これまで多くの研究が行われてきました。ここでは、どちらかというと本書に関係性の弱い研究をいくつか紹介しておきましょう。関係性の強い研究は、この本全体を通して順に触れていきます。

個人の創造性のプロセスについては1世紀ほど前に作られたグラハム・ワラスの4段階説が有名です（Wallace 1926）。１９２０年代に発表された学説で、やや大ざっぱではありますが、いまだによく参照されます。

【ワラスの4段階説】

（1）準備

（2）あたため
（3）ひらめき
（4）検証

「（1）準備」は、最初の段階であり試行錯誤のプロセスです。いろいろとミスを繰り返しながら試していく段階です。そのあとの「（2）あたため」は、孵化と訳されることもあります。取り組んでいることを一時的にストップして、それでも準備の段階で得たことを意識的・無意識的に考え続ける段階です。創造にいたる場合は、次の「（3）ひらめき」が訪れます。新しいことを思いついた段階です。そして「（4）検証」ではひらめいたことを実行します。似たような段階説は多くあり、5段階のモデルや7段階のモデルもあります。

拡散的思考と収束的思考に分けて創造性を捉えることもよくあります。拡散的思考は、できるだけ多様なアイデアを生み出すプロセスです。1人で拡散的思考をめぐらせることもあるのですが、グループで活性化させることも広く行われています。典型的なのは1950年代からあるブレインストーミングです。ブレインストーミングでは、批判を禁止してアイデアをとにかくたくさん出すことが求められます。社員研修や授業でも行われることがあります。それに対して収束的思考は、多様なアイデアを絞り込み適切な答えを導き出そうとするプロセスです。拡散的思考でアイデアを多く出したのち、収束的思考によってなにが実行に移せそうかを考えて検証したり試行錯誤したりします。

創造性と感情との関係についても研究されています。たとえば、ポジティブな感情とネガティブな感情とを比較すると、ポジティブな感情のほうがよく、ポジティブな感情のなかでもアクティブなほうが創造性に寄与するとされています（Khalil et al. 2019）。こうした感情が人の柔軟性や持続性にプラスの影響を与えるがゆえに創造性につながることが示されました。また、人の心の状態と創造性との関係でよく話題になるのが幸福感です。幸福感の高い社員は、そうでない人に比べて創造性が3倍高く、生産性が31%、売上は37%高いといわれています（エイカー 2012）。

心理的なことだけではありません。神経科学では、脳の活動と創造性との関係性について研究が行われています。かつては脳の場所と機能との間に一対一関係があることを前提としていたのですが、脳を計測し解析する技術が進んだおかげで、いまは脳の複数の領域がどのようにネットワークとして協調して動いているかを分析できるようになっています。神経科学における創造性の研究では、創造性を測定する課題をこなしている人の脳波を測ったり、ｆＭＲＩで脳の血流量を測ったりします。

認知科学などで使われている創造性を測定する課題があります。たとえばＡＵＴ（Alternate Uses Task）は、コップなど日常的に使っているモノが提示されて、そのモノの普通ではない使い方をできるかぎり挙げていく課題です。制限時間のなかで出てきた答えを流暢性や柔軟性、独創性、綿密性などの点から評価します。そして、その課題をやっている間、脳のなかでどのようなネットワークが形成され連携しているのかを装置を使って測ります。また、比較のために創造性を求めないタスクも与えて、それをやっているときの脳波や血流量を測り、その違いをみます。両者の違いが創造的活動をやっているときの特徴というわけです。

このような研究の例としてロジャー・ビーティらの研究がよく紹介されます（Beaty et al. 2018）。その研究では、創造的な人たちは脳の３つのネットワークの接続が強いことが示されました。デフォルト・モード・ネットワーク（default mode network）という空想にふけったりするときに活動的になるネットワークと、実行機能ネットワーク（executive control network）というアイデアを評価・修正するネットワークと、この２つのネットワークを仲介して切り替える顕著性ネットワーク（salience network）の３つです。

デフォルト・モード・ネットワークは、マインドワンダリングするとき、白昼夢をみるときなどに活動的になる領域です。外界と離れて内面で反実仮想を行うときに活動します。このモードが活動的なときは、はたからみるとぼーっとしているだけに感じるかもしれませんが、新しいアイデアを考えつくためには実に重要なモードです。天才と呼ばれた人たちの日課をみると、やたら散歩していることに気づきます。意図的かどうかはともかく、天才たちはデフォルト・モード・ネットワークを活性化する術を知っていたのかもしれません。デフォルト・モード・ネットワークは、拡散的思考と収束的思考でいうと拡散的思考にあたるのでしょう。拡散的思考で出てきたアイデアを実行機能ネットワークで収束していると考えられます。

創造性のタイプ

創造性をいくつかのタイプにわけることも行われています。認知科学者のマーガレット・ボーデンによる有名な分類を取り上げましょう。ボーデンは、人が創造性を発揮するときに無意識的であることが多いことから、意識とは無関係に創造性を分類し、結合的創造性、探索的創造性、変形的創造性の3タイプにわけました（Boden 2004）。この3タイプは、完全にわかれているわけではなく重なっていることもあります。

まず結合的創造性は、なじみのあるアイデアや表現を組みあわせるタイプです。あんとパンを組みあわせてあんぱんを作り、あんぱんとヒーローを組みあわせてアンパンマンを作るというのは、その最たる例でしょう。絵画のコラージュや、映画のモンタージュ、文学のカットアップなども結合的創造性にあたります。20世紀前半に起きた芸術運動のシュルレアリスムでは「手術台の上のミシンとこうもり傘の偶然の出会いのように美しい」という言葉がよく使われました。この言葉も、この結合的創造性を前面に押し出したものといえるでしょう。異質な場で異質なものを組み合わせることに芸術をみています。たまに「創造性はすでにあるものの組みあわせだ」といい切る人もいます。アップルの創業者のスティーブ・ジョブズも、創造性をいろいろなものをつなぐことだといい、次々と画期的な製品・サービスを生み出してきました（ガロ 2011）。

実際、異なった領域からヒントを得ることがあります。たとえばチャールズ・ダーウィンはマルサスの『人口論』からヒントを得て進化論を生み出し、パブロ・ピカソはアンリ・

ポアンカレの多次元の数学に刺激を受けてキュビズムを作り出しました。こうした組みあわせも結合的創造性といえるでしょう。

このような結合的創造性はＡＩが得意とします。生成ＡＩの仕組みは、まさに膨大なデータから確率の高いものを組みあわせて生成物を出すということですので結合的創造性といえるでしょう。

２番目の探索的創造性は、限りのあるパターンの数を試して、新しく価値のあるものをみつけ出すことです。有限のパターンから選び出すだけですので創造性に含めることに納得がいかない人もいるでしょう。たしかに３つのなかから１つを選び出すだけでは創造性があるとはいいがたい面があります。しかしきわめて膨大な選択肢のなかから、新しく価値あるものを選び出すことは簡単ではありません。それを探し当てることに創造性を感じる人もいます。

たとえば将棋や囲碁は、指し手や打ち手のパターンが天文学的な数にのぼります。これまでにない手で勝ったら、それは探索的創造性といえるでしょう。新しく、勝ちにつながったという意味で価値があるからです。レシピも同じです。食べ物の組みあわせは、理論的には有限でしょうが、新しいレシピが日々生まれています。なおボーデンは、地理的空間の探索を例に挙げています。これまでに行ったことのないルートで車を進めたときには、探索的創造性が発揮されるといっています。

3番目の変形的創造性は、領域自体に変形を加えるような創造性です。この創造性には、考えるべき土台が変わってしまうような変化も含まれます。たとえば天動説から地動説への変化です。地球が宇宙の中心だと思っていたら、まったく違っていたために根本から宇宙観を変えなければならなくなりました。

ついさきほど書いたように、これら3タイプは重なっていることがあります。進化論は、すべての生き物は共通の祖先から自然選択のなかで複数に進化してきたのであり、人が神の似姿として作られ神から特別に愛されているわけではないことを示しました。人の位置づけが抜本的に変わっています。そのため進化論は、ダーウィンが自身の現地調査とマルサスの『人口論』からのヒントとを組み合わせた結合的創造性による理論であることにくわえ、変形的創造性をもあわせもっているといえます。キュビズムもそうでしょう。同時に複数の視点から描くキュビズムは、明暗法や遠近法などにとらわれておらず、絵画のルールを変えました。

この創造性の3タイプでいうと、さきほど述べたように生成AIによるテキストやイメージの生成は、結合的創造性に位置づけられるでしょう。これまでのデータを前もって解析しておき、確率の高い語やイメージを連結させてコンテンツを生成するからです。

またコンピュータは探索的創造性ももっています。もっとも有名になったのは囲碁でしょう。２０１６年には世界トップクラスの棋士がＡＩに敗れました。囲碁は打ち手のパターンが10の３６０乗通りを超えるとされます。これほどの膨大なパターン数になると人が選んだことのない打ち手が存在します。その打ち手でプロ棋士を負かしたことでＡＩにも探索的創造性が宿っているといわれました。創薬の分野でも、スーパーコンピュータを使って病気の原因となる分子に結合する化合物を探索したり、化合物の形を変えながら効き目の高い化合物を探索したりしています。新しい薬の開発はかなり難しくなっており、開発期間が10年以上、費用が１０００億円以上かかることも多いため、ＡＩを使って効き目の高い化合物を探し当てコストを下げることが目指されています（理化学研究所計算科学研究機構 2014）。

変形的創造性は、小手先だけの領域の変形というよりも根本的な変形を求める面があります。そのため、過去のデータをもとにして確率的に高い結果を出力するＡＩなら、この変形的創造性にたどりつくことは少ないといえるでしょう。とはいえ人であっても、このような創造性にはめったにたどりつけません。

ボーデンの分類にしたがうと、コンピュータの創造性と人の創造性とはかなり連続的に捉えられるのではないでしょうか。結合的創造性や探索的創造性は、コンピュータにもありますし、コンピュータが上回るケースも多々あります。また変形的創造性は、コンピュータでも人でもなかなか発揮することが難しい面があります。

Computational Creativity

Computational Creativity という研究領域が生まれています。ＡＩや認知心理学、哲学、芸術の分野が交わる学際的な試みで、コンピュータを使って創造性をモデル化したりシミュレーションしたり複製したりすることが目標とされています（Association for Computational Creativity 2020）。
これまで Computational Creativity という領域では、創造性の評価について厳密さがなく、そこでの議論は人の創造性に関する心理学や哲学の知見に根ざしたものではありませんでした。そこでキャロリン・ラムらは、心理学や哲学、認知科学などがこれまでに取り組んで得てきた知見に学びながら、4つのP（Person・Process・Product・Press）に着目してさまざまな創造性の研究を整理しています（Lamb et al. 2018）。あまりに多くの研究がある場合、これまでの研究をまとめて、その領域の研究を見通しやすくすることがあります。ラムらの論文は、4つのPをもとにいろいろな研究をまとめてガイドしています。

まずPersonは、もちろん人のことです。ただし創造的なエージェントは人に限らないとしてPersonではなくProducerという語を使うことを提案している人もいます。さきほど書いたように、AUTなどの心理測定の手法を使って、拡散的思考を数値化し、ある人が創造的かどうかを判定することがよく行われています。そのテストを使って判定すれば、コンピュータも創造性のテストをパスします。とはいえラムらは、テストをパスするコンピュータは、それ用に作られているのであって、ほかの創造的な作業は行わないと指摘しています。

二番目のProcessは、創造的な生産を行うときの一連のプロセスをいいます。前に紹介したワラスの4段階説やボーデンの3タイプは創造性のプロセスに注目しています。このプロセスでみたときにも、コンピュータには創造性があるといえるでしょう。というのも、たとえば膨大なパターンを探索するプロセスを行う探索的創造性があるからです。けれどもラムらは、機械には自分で何をすべきかを決断する能力が欠けていると指摘し、この点はＡＩやComputational Creativityに対する大きな批判であると述べています。

三番目のProductは、詩や音楽のような芸術作品だけでなく、数学の定理や科学的仮説、ビジネスプラン、工学設計なども含んだ人工物のことです。出てきたものに注目して創造性を評価します。Computational Creativityでは、プロダクトへの注目が創造性の評価にもっともよく使われます。人と機械がそれぞれ生み出したプロダクトに違いがみいだせないのならば、コンピュータにも創造性があるとみなせるという主張につながります。創造性の評価基準は、「新しさ」と「価値」であり、新しいプロダクトでなければ特許も認められません。しかしラムらは、価値を決めるのは次のPressだといっています。

最後のPressは、文化や社会、群衆、ほかの人々のことで、雑誌や新聞といった出版のファクターも含まれます（the press）。そうしたPressは、人やプロセス、生産物に影響を与え（pressing in）、創造的か否かを判定します。文化を含む社会の次元といってよいでしょう。この次元の考察を行っているのがミハイ・チクセントミハイのシステムズ・モデルです。このシステムズ・モデルについては、第３章で詳しく説明します。

４つのＰを踏まえると、人と機械との創造性の差がおぼろげながらみえてきます。ただし創造性のテストで高得点を取るコンピュータはそれ用に特化して作られているという指摘は、ChatGPTが翻訳や要約、文書作成、計算等、いろいろなことに使えることに鑑みるに、今後はあまり説得力がなくなってくると想定されます。しかし機械には自分で何をすべきかを決断する能力が欠けているという批判は十分に当を得ているといえるでしょう。つまり、AI等のコンピュータが創造性を発揮するには、人間の側が「枠」をはめてやらないといけないということです。この点は、表層的に理解するのではなく、本質的な問題として捉えていく意義があります。というのもこの違いは、人と機械との原理的な違いからきているからです。そのため、第2章では人と機械との違いについて考えていきます。

ちなみにChatGPTに「ChatGPTに創造性はありますか」と聞いたところ、次のような回答でした。

Q. ChatGPTに創造性はありますか

ChatGPTは人工知能であり、プログラムされたアルゴリズムに基づいて自動的に応答を生成するため、自分自身の意志や意思決定能力はありません。しかし、ChatGPTは大規模なデータセットを学習し、様々なトピックや質問に対する複数の解答を生成できることから、新しいアイデアや視点を提供することができます。また、ChatGPTを使って会話や文章を生成することで、人間の創造性を刺激することができるかもしれません。ただし、ChatGPT自体に創造性があるわけではありません。

ChatGPTは念を押して聞くと回答が変わることが知られています。そのため、念押ししたときの回答結果も次にのせています。

Q. 本当に、ChatGPTに創造性はありませんか

ChatGPT自体はプログラムされたアルゴリズムに基づいて応答を生成するため、自己意志や創造性を持っていません。ただし、ChatGPTは大量のデータから学習することによって、新しいアイデアや洞察を提供することがあります。そのような状況下では、ChatGPTはある程度の創造性を持っていると言えるかもしれません。しかし、ChatGPTが出力するアイデアは、プログラムされたアルゴリズムの枠組み内で生成されるため、人間の創造性とは異なるものとなる可能性があります。つまり、ChatGPTはある程度の創造性を持っているかもしれませんが、人間の創造性とは異なる方法で表現されます。

「ChatGPTはある程度の創造性を持っているかもしれませんが、人間の創造性とは異なる方法で表現されます」と回答しています。本書では、こうした点について深く考えていきたいと思います。

第２章　人と機械との本質的な違い

観察レベルと観察対象

理解が混乱するといけないので、第2章の最初で、観察レベルと観察対象のことを述べておきます。どのような観察のレベルから、なにを捉えるかによってみえてくるものが違います。観察レベルは、丁寧に区別しておかなければなりません。普段、どのような観察レベルから物事を考えているかを意識することは少ないのでわかりにくいかもしれませんが、観察レベルの違いは、議論が混乱しないためにおさえておく必要があります。

図4のAの観察レベルは、テクノロジーと人が合わさった系を捉えています。テクノロジーと人が混成し、複雑に入り混じって相互作用しながら成り立つ系です。もちろん私たちは、常にテクノロジーと一体になって考えることばかりではありません。私たちは、現在でも、直接見たり聞いたり食べたり触れたりしながら物事を認知しています。家や駅の位置、季節ごとの温度・湿度、ご飯の味などをみずからの身体を通して認知しています。とはいえ、直接体験できる範囲は実にかぎられています。

私たちは、メディア——特にインターネットやテレビ、ラジオ、新聞、本など——を通じて直接的に認知できる範囲の外があることを知っており、国内外の事情などさまざまな

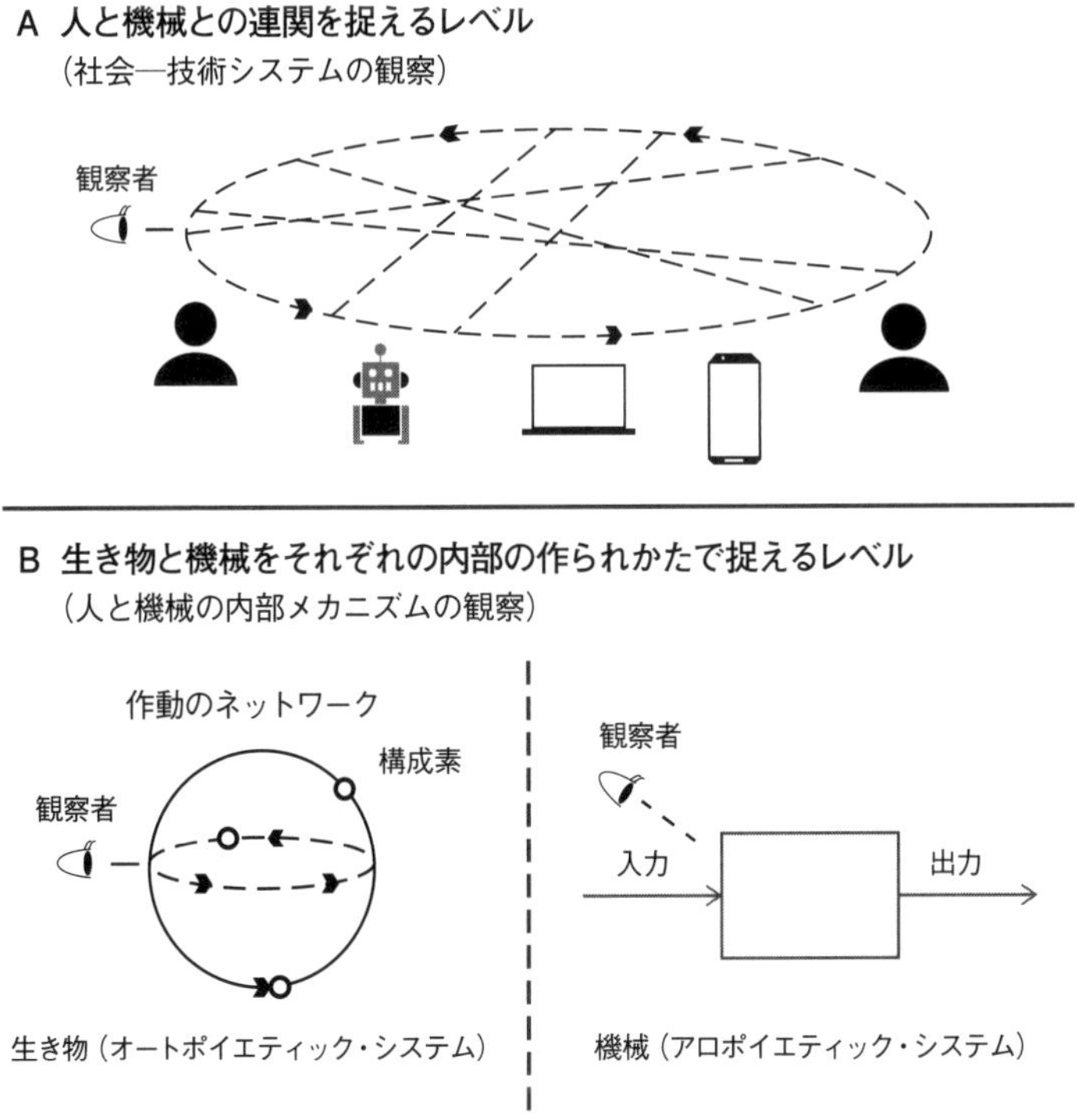

図4 観察レベルと観察対象(筆者作成)

出来事を知った気持ちになっています。私が専門とするメディア研究では、基本的にはこの観察レベル――メディアと一体となって人が認知していることを観察するレベル――でモノ・コトを考えていきます。〝人間＝機械〟複合系（西垣 2008）ともいうべき範囲を観察するレベルです。

この観察レベルは、テクノロジーと創造性を議論するときによく取り上げられます。新たなテクノロジーが出てくると、それまでできなかったことができるようになるからでしょう。人は、テクノロジーに囲まれて生きており、そのテクノロジーと相互作用しながら行動しています。テクノロジーを操作し、その結果をみてみずからの行動を変え、さらにテクノロジーを操作していきます。そのプロセスのなかから、モノ・コトを作っていきます。次の第3章では、この観察レベルの話を中心に扱っていきます。

その前に、この第2章では、観察レベルを変えて図4のBのように生き物と機械とをそれぞれ単独で観察し、その作られ方に着目すると、両者がまったく異質であることについて扱います。そのうえで人の創造性の本質について述べます。この観察レベルは、第3章で扱う観察レベルと混同されたり、生き物や機械の作られ方に着目しないまま軽んじられたりしてきています。この章を読み飛ばすと、この本の重要な主張を理解できないので、ぜひ読み通してもらいたいと思います。第2章で扱う観察レベルは、第3章の議論の基底をなしています。

なお図4Bの左側はあとでいうオートポイエティック・システムを表しており、右側はアロポイエティック・システムを表していますが、この本では詳しい説明を省略します。それぞれ生き物と機械を表しているとざっくりと捉えてもらえればと思います。

生き物と機械との違いの不明瞭さ

回り道のように思うかもしれませんが、生き物と機械との創造性の違いを考えるために、生き物と機械との本質的な違いについて考えていきたいと思います。両者は、なにが違うでしょうか。感覚的に「違う」と感じるかもしれません。しかし、その違いをきちんと説明しようとすると、かなり難しいことに気づきます。実は人とコンピュータのような機械は、どちらかというと「同じ」と捉えるほうが簡単です。実際、コンピュータであるかのように人を捉えることが増えてきています[1]。

たとえば人は、情報を入力して内部で変換して出力していると捉えることができます。

この本の読者も、いま文字をみて（入力）、それを過去の記憶と照らし合わせて解釈し（内部での変換）、その解釈を場合によってはインターネットでつぶやいたりレポートに書いたりして出力しているとみることができるでしょう。同じようにコンピュータも、入力されたデータをソフトウェアによって変換し、処理の結果を画面などに出力します。このような観点でみると、人とコンピュータは同じではないでしょうか。人もコンピュータも、情報の入力―変換―出力の関係で捉えることができます。同じ情報変換体です。[2]

このほか、「論理的推論」「ホメオスタシス（恒常性）」「自己複製」「学習」「ニューロンの働き」に着目しても、人とコンピュータは、およそ同じとみなすことができるでしょう（河島 2020）。論理的推論についていえば、人は論理的推論の三段論法を行いますし、コンピュータも三段論法で結論を導けます。また、人の体温は36度前後に保たれており恒常性がありますし、冷蔵庫もコンピュータが入っており一定の温度に内部を保ちます。さらに、人の細胞も分裂して自己複製しますし、スマホも機種の乗り換えのときにアプリやデータをまとめて複製できます。学習面では、人も学習しますが、コンピュータにも機械学習があるわけですから、両者ともに学習するといえます。ニューロンの機能についていえば、人にはニューロンがありますが、機械にはニューラルネットワークがあります。

さらに、かなり前から知られていることですが、物質に着目しても、無機物と有機物との違いが生き物とそれ以外とを本質的に区別できるわけではありません。無機物から有機物を合成することもできます。これらにくわえて情報の入力─変換─出力関係などについても大きな違いがないように思えるのです。

生き物と機械との境界は、ますます曖昧になってきています。生成AIは、そのような見方を強めるに違いありません。まるで他の人と話しているような感覚で、生成AIとやりとりできるようになってきているからです。また生成AIは、人と同じく、なめらかな言葉を出力し、絵も描くからです。

このような考えかたは、いまにはじまったことではありません。1940年代に登場したサイバネティクスが代表的な例です。[3] サイバネティクスは、簡単にいえば、ある系で、出力結果の一部を入力側に送り返し目標値に達するようにしていくフィードバックのメカニズムを研究する領域です。機械だけでなく、生き物や人間の心、組織、社会（国家も含む）、生態系にも目標に近づくように動作するフィードバックがみられることから、多様な学者を巻き込んで研究が行われました。たとえば人も、目の前のコップを取るという目標のために手を伸ばし、うまくいかなければ触覚や視覚からのフィードバックをもとに動作を微調整していきます。

サイバネティクスは、ギリシャ語で「船のかじをとる人」を意味するキュベルネテスという言葉から名づけられました。操縦するとき、船が目的のルートから外れないために、右に行き過ぎれば左に戻すようにフィードバックをかけていきます。そうしたフィードバックのメカニズムを統計的に扱い自動で制御する理論が目指されました。

このサイバネティクスについて、ドイツの哲学者マルティン・ハイデッガーは、フリードリヒ・ニーチェを引きながら、私たちの社会の特徴は科学の勝利ではなく科学の「方法」の勝利なのだといい、その方法とはサイバネティクスであると述べました（ハイデッガー2013）。方法は、探求すべき対象をどのように取り出すかということであり、いまや算定可能なものだけが取り出されるようになりました。その方法が極限にまで進んだ先にサイバネティクスがあります。というのもサイバネティクスは、フィードバックを通じて表象された可能なものを制御するからです。ハイデッガーは、「サイバネティックス的に表象された世界においては、オートマティックな機械と生物とのあいだの区別はなくなる」（ハイデッガー 2013：193）と書いています。サイバネティクスは、生き物も社会も、コンピュータのような機械として捉えます。生き物も機械も、同じように制御と通信によって捉えます。

サイバネティクスという言葉は、サイバースペースやサイボーグ、サイバー攻撃などの言葉を生み出したものの、次第に人気がなくなり、今ではそれほど耳にしなくなりました。しかし、あらゆるものを計測して数量化し、目的との差を埋めるようにフィードバックをかけていくサイバネティクスの方法は、いまやどこでもみられるごく一般的な方法となっています。機械の性能だけでなく、社会も人も数量化されて把握され制御しようと試みられます。数値化しないと客観的でないとされ、数値目標を掲げて事業や政策にとりかかり、数値目標に達成しないのであれば改善していくことがスタンダードになりました。人をデータ化して監視するようにもなってきました（河島 2024）。

なおサイバネティクスの語源であるキュベルネテスはガバナーの語源でもあります。ガバナーは、蒸気機関の回転数を自動的に制御する調速機を指すこともありますが、統治する人のことを指す場合もあります。この本の後半でAI倫理のガバナンスについて触れますが、それもAIが正しく・よくなるように制御するということであり、サイバネティクスのフィードバックの考えかたが中心にあります。

サイバネティクスの創始者は、アメリカの数学者ノーバート・ウィーナーです。ウィーナーは、制御と通信によって生き物も機械も同じように捉えることができるサイバネティクスを構築しました。しかし、アンビバレントな面も持ちあわせており、うまく理論化できなかったものの、人を機械のように扱うことについては強く反対していました。そのことは、ウィーナーの晩年の著書のタイトルが『人間の人間的な利用』（The Human Use of Human Beings）になっていることからも感じられます。[4]

ウィーナーによってなされなかった生き物と機械とをわける理論化は、やがてセカンド・オーダー・サイバネティクス（ネオ・サイバネティクス）によって実を結ぶこととなります。サイバネティクスは、生き物も社会もコンピュータも同じように捉えていましたが、そこから反転して生き物と機械とをきちんとわける理論が出てきました。セカンド・オーダー・サイバネティクスの登場です（図5）。この本では深入りしませんが、これは、学説史としてもとてもスリリングなことです（西田洋平 2023）。

以前からあったサイバネティクス（古典的サイバネティクス）は、まるで観察者がいないようにみなして観察のことを深く取り上げず、観察の対象だけを取り上げるのに対して、セカンド・オーダー・サイバネティクスは、観察者がどのような観察をしているかを観察します。そして、そもそも観察とはなにか、その観察をしている人とはいったいなにかについて探っていきます。つまりセカンド・オーダーの観察とは、観察の観察のことであり、

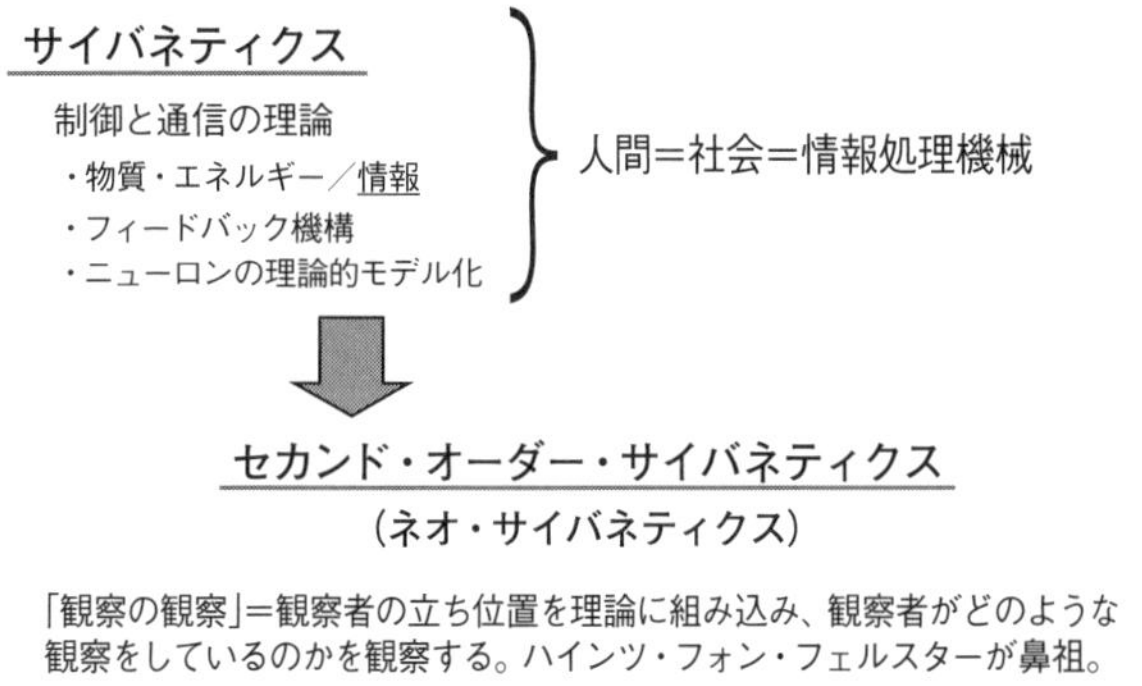
サイバネティクス
制御と通信の理論
・物質・エネルギー／情報
・フィードバック機構
・ニューロンの理論的モデル化
人間＝社会＝情報処理機械
セカンド・オーダー・サイバネティクス
（ネオ・サイバネティクス）
「観察の観察」＝観察者の立ち位置を理論に組み込み、観察者がどのような
観察をしているのかを観察する。ハインツ・フォン・フェルスターが鼻祖。

図５　サイバネティクスとセカンド・オーダー・サイバネティクス（筆者作成）

二次もしくはメタの観察を示しています。

　さきほど観察のレベルの話をしましたが、それはセカンド・オーダー・サイバネティクスにもとづいた理論展開の仕方です。観察する位置によって観察対象が変わり、観察の範囲が違ってきます。観察者は、観察対象から完全に離れて外でみているのではなく、観察者と相即的に観察対象が表れてきます。観察者の立ち位置によって観察対象の観察のされ方が違うことを観察します。

　セカンド・オーダー・サイバネティクスは、観察とはなにかを追究するなかで、生き物と機械との根本的な違いを見出しました。

オートポイエティック・システム

ここでは生き物と機械とをそれぞれ単独で観察して、その作られ方に着目してみましょう。

生き物の作られ方の話に入る前に、セカンド・オーダー・サイバネティクスの源流ともいえるヤーコプ・フォン・ユクスキュルの環世界論について触れておきます。セカンド・オーダー・サイバネティクスの源流としては、もう一人ジャン・ピアジェがいますが、ピアジェについてはあとでいうことにします。

ユクスキュルは、ドイツの生物学者で、たいへん大きな研究を行った人物です。先に述べたハイデッガーを含め、多くの人に影響を与えました。ユクスキュルは、動物を単なる客体としてではなく、知覚と作用を行う内的な認知をもつ生き物として捉えました。それぞれの生き物がもつ一人称的な、内面からの認知（環世界）を考えました。

ユクスキュルは、ハエやウニ、ミツバチ、ニワトリ、カタツムリなども例に出しましたが、非常にシンプルな環世界をもっている生き物としてマダニを挙げました。マダニは、目や耳がなく、視覚や聴覚がありません。その一方で、鋭敏な嗅覚と温度感覚があり、森の中の木の上で動物が通りかかるのをずっと待ちます。マダニからすると、3つの刺激（酪酸のにおいの有無、毛のない皮膚の有無、温かさの有無）だけが重要です。3つの刺激がまるで暗闇の中の灯火のようにみえ、みずからを目標へと導く道標の役割を果たしています。

マダニは、皮膚からたてのぼる酪酸のにおいを嗅ぐと枝から足をはなします。うまく接触できると毛のない皮膚のところまではいまわり、温かいと感じると皮膚に血を吸うための穴を開けます。マダニは、わずか3つの刺激だけを頼りに動きます。私たちからすると単純すぎるように思いますが、マダニにとっては生きるうえで必要十分なのです。刺激を認知できなければ、1年以上も木のうえでじっとしているといいます。このように、マダニは、マダニに固有の環世界のなかで生きています。もちろん、カタツムリはカタツムリに固有の、ミツバチはミツバチに固有の環世界のなかで生きています。

ほかの生き物と同様、人もその環世界から逃れられません。もしかすると、人こそ真実なる、唯一の世界を認識していると、「ありのまま」の世界を認識することができると考えている人もいるかもしれません。けれども、そうではありません。というのも私たち人は誰しも、みずからの感覚器官を通してはじめて、みずからの環境に接することができるからです。個人差はありますが、人は、一般的に通常20Hzから20kHz程度の音を音として感じることができます。この周波数帯域を可聴域といいます。可聴域を超えた周波数の音は聞こえませんし、逆に可聴域を下回る周波数の音も聞こえません。同じように視覚についても限界があります。そのような感覚器官のなかで、人はみずからの内側から環境を認知しています。

こうした生き物の認知が「内部から、みずから・おのずから作り上げられているのだ」というのがセカンド・オーダー・サイバネティクスの一角を占めるオートポイエーシス論です。この理論は、かなり難解なので要点だけつかんでもらえれば十分です。オートポイエーシスは、自分で自分を作ることをいいます。「自分」というと人間の意識のことだと勘違いするかもしれませんが、意識だけにかぎったことではなく、「みずから」「おのずから」生き物自体が自身を作っているということです。

生き物は、たとえば胎児は母親のへその緒から栄養をとり、生まれると母乳やミルク、離乳食を摂取して大きくなっていきます。もちろん病気の場合は医師による介入がありますが、最初から、外から腕や内臓をくっつけたり、歯をくっつけたりしているわけではありません。あらかじめ生き物は、自分で自分を作るというメカニズムが内部にあり、そのメカニズムに沿って栄養を摂取して、細胞が分化し、人の場合は２００種類ほどの細胞にわかれていきます。たった1個の受精卵が骨細胞や小腸上皮細胞、脳のニューロンなどおよそ200種類の細胞にわかれて、何十兆個にまで増えていきます。そのプロセスのなかで腕や内臓、歯も内側から形成されていきます。一人の人の細胞は60兆個もしくは37兆個であるといわれています。細胞の種類もきわめて多く、細胞の数になると直感的には想像できないほど多いといえます。一人の人の細胞を一列に並べると、1個の細胞の直径を10ミクロンと考えれば60兆個の場合は60万キロメートルにおよびます。地球は一周4万キロメートルですので、地球15周分の長さになります（永田 2018）。37兆個の場合は地球9周あまりです。

成人になってからも細胞は次々と入れ替わっています。成長しても、細胞はたえずみずからで作っては壊し、作っては壊しを繰り返し、体内では何十兆個もの細胞が内発的に作られて壊され、また作られています。部位によって細胞の入れ替わりのスピードに違いがあります。小腸上皮細胞でいうと、わずか3日から5日の寿命で、寿命がくるとまた新たな細胞に入れ替わります。骨だと数年、入れ替わりに要するようですが、6ヶ月間で多くの細胞が入れ替わります。便は、水分を除くと、3分の1が食べ物の残りかす、3分の1が腸のバクテリアの死骸ですが、残りの3分の1が細胞の死骸です（永田 2018）。

とはいえ身体の内部に再帰的なネットワークが動いており準安定状態が形成されていますから、同じような細胞が作り続けられます。そのため数年後に友だちにあっても友だちだと気づくことができるのです。数年前の細胞は、ほとんど体内に残っていないにもかかわらず、その人だとわかるのは、細胞を含む身体のシステムが準安定状態を形成しており、そのなかで細胞のありかたが定まり、再生産するからです。身体は他の人によって作られているわけではありません。その人の内部のメカニズムによって自己創出していきます。

専門用語でこのようなシステムをオートポイエティック・システムと呼びます（図4Bの左）。オートポイエーシスの特徴を備えたシステムという意味です。なおシステムという言葉を使っていますが、システムは要素だけではなく、要素と要素との関係や、要素と全体との関係を表しているとざっくり考えてもらえればと思います。

一人の人の内部には何十兆個もの細胞があるのに加え、免疫システムや神経システムもあり、それらが心（マインド）まで生み出していきます。一人の人のようにみえても、そのなかではオートポイエティック・システムが大量かつ多様に集合して連動しています。オートポイエティック・システムのとてつもない塊です。なお人の腸には約1000種類・約100兆個もの細菌がいるといわれており、人の細胞の種類と数を大きく上回ります。

こうした細菌もオートポイエティック・システムであり、これらとともに私たちは生きています。

アロポイエティック・システム

それでは、逆に機械はどうでしょうか。機械のメカニズムは開発者や運営者が決めます。機械の本来の機能は、その機械自体が生み出しているのではなく外から決められます。みずからをみずから・おのずから作っていません。

エアコンのフィルターや熱交換器、クロスフローファンは内側から形成されているわけではなく人が作っています。そして、冷房のボタンを押したら冷気が出るように調整されています。冷房を入れたのに暖気が出てきたら故障です。自動車でも、ガソリンを入れればハンドルやブレーキ、タイヤが生えてくるわけではありません。コンピュータも、電源につないだらCPUが作られたり、メモリやSSDが作られるわけではありません。おのずから・みずから作られていませんので、外から作ってやらなければ存在しえないのです。このようなシステムを専門用語でアロポイエティック・システムといいます（図4Bの右）。

オートポイエティック・システムの反対語です。

いかに高性能であってもＡＩもまたアロポイエティック・システムです。図6は[5]、ＡＩの開発・メンテナンスには多くの人が関わっていることを単純化して図示しています。

ＡＩもＩＴの一部ですので、企業で導入する場合には、ビジネスの戦略を練って課題を抽出し、そのうえでどこにＡＩを導入するかを決めます。データサイエンティストやデータエンジニアも必要で、データを収集したり、アノテーション（タグづけ）をしたりします。アノテーションとは、たとえば画像に写っているモノ・コトをみて「ランドセル」「入学式」「小学校」などとタグづけして、機械学習に利用できる教師データにしていくことです。タグは、大量に必要ですので、医療ＡＩのタグづけのように一般の人には難しい領域もあるのですが、多くの人を募ってクラウド・ソーシングで集めることもあります。そのうえで、システムエンジニアがＡＩに学習させ、高い精度や正解率が出るか、どのような計算資源を使うか、どのような機械学習の手法だともっとも性能が上がるのかを試行錯誤していきます。

自動化は進んでいるものの、生成ＡＩを含めてこれらの技術は、やはりアロポイエティック・システムに位置づけられます。ＡＩも、ＡＩ自体がＡＩを作っているわけではなく、

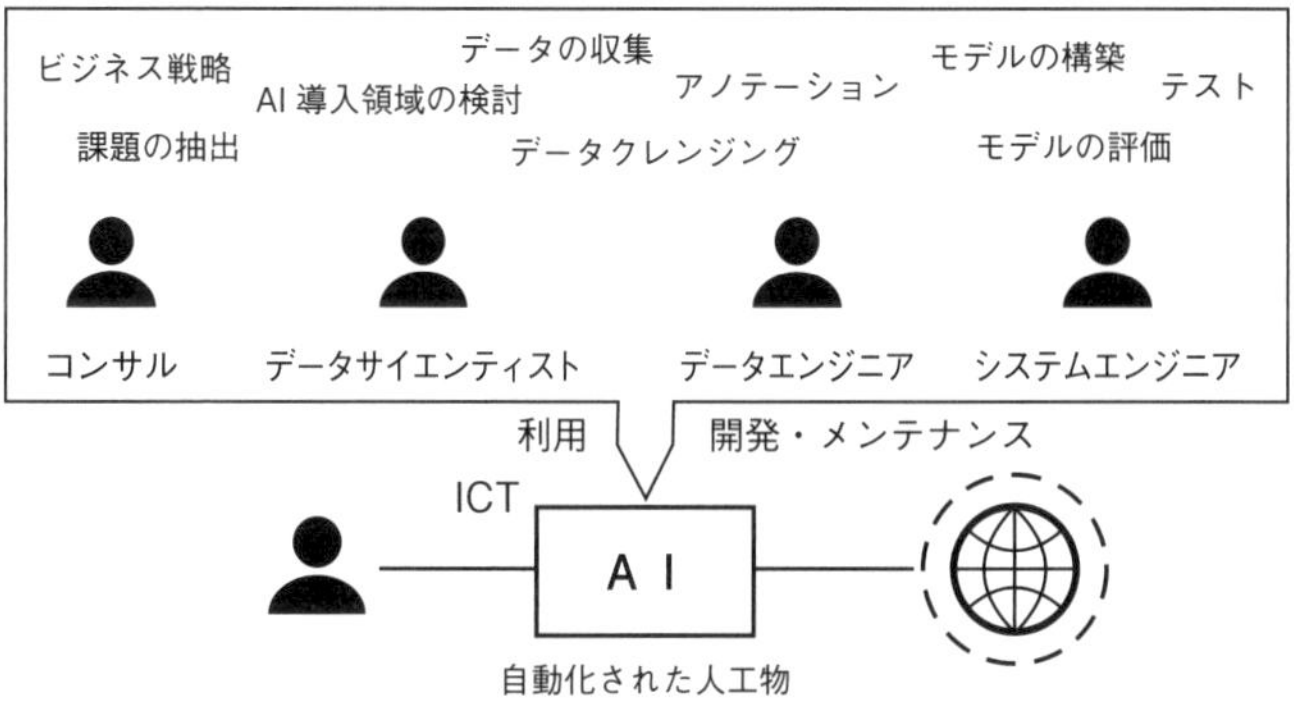

図６　ＡＩ＝アロポイエティック・システム（筆者作成）

すなわちみずからをみずから・おのずから作るメカニズムがあるわけではないからです。

もしかすると「機械があるからこそ機械は作られ動かされるのだ」と反論したくなる人がいるかもしれません。たしかに、私たちは機械を使って機械を作っています。機械を使って機械を動かしています。ＣＰＵのシリコンウェーハを手で直に作る人はいません。手で直に発電してモーターを回す人もみかけません。けれどもシリコンウェーハを作る機械自体は人が作り、モーターを動かす仕組み自体も人が作っています。機械同士が相互に連結して機械が別の機械を作り動かすことが次第に増えていますが、そうした仕組み自体が機械だけで形成されているわけではありません。

人という生き物は、私たちの社会に根づくテクノロジーのダイナミズムそのものを作り動かすもっとも基底的な存在といえます。このように生き物と機械とは、内部の作られ方という点に着目した場合に違いがはっきりとみえてくるのです。

柔軟性の増大

植物を含めてすべての生き物は、自他の境界をみずから作り、その内部から環境を認知して行動（behavior）しています。動物は、行動にくわえて動き（movement）も行います。当然ながら生き物は、オートポイエーシスという大きな共通点をもちつつも、まったく違いがないわけではありません。オートポイエーシス論の提唱者ウンベルト・マトゥラーナとフランシスコ・ヴァレラは、感覚と運動とが直接的に連結している場合と、感覚と運動との間に神経系が介在している場合とに分けました（マトゥラーナ、バレーラ 1997）。

感覚と運動とが直接的に連結している場合は、環境と一対一対応するように行動が起きます。この場合は、行動が環境に決定されていると誤解されがちかもしれませんが、そうではありません。あくまで生き物の内部から環境との一対一対応が作りだされています。

たとえば植物のオモダカは、水の中なのか水の外なのかで行動が変わり、水面下に沈むと数日のうちに水の中に合った形態に変わります。あるいはアメーバは、小さな原生動物をみつけるかどうかで行動が変わり、みつけると偽足（仮足）を伸ばして摂取しようと行動します。

これと対照的に、生き物のなかに神経系がある場合には環境に対する柔軟性が生じてきます。神経系はヒドラにもミミズにもありますが、脊椎動物のなかでも特に哺乳類ともなれば、ニューロンの数も多くなり、行動が構造的に変わり柔軟性もかなり大きくなってきます。どのような生き物でも生物学的自律性はありますが、神経系が発達してくると「ほかの行動をとり得る」余地が大きくなってくるのです。代表的なのが人です。人は、環境とは隔てられた内面があるからこそ、空想ができSFなどの虚構の作品を作ることができます。環境とは隔てられた内面があるからこそ、あとで取り上げるクリティカル・シンキングを持ちえます。

もちろん昆虫の行動にも驚かされるものが少なくありません。たとえばミツバチにも多くの神経細胞があり、数万匹のコロニーを形成して餌の位置を仲間に教える8の字ダンスをします。昆虫の社会的行動の例としてよく出されます。しかし、8の字ダンスが7の字ダンスになったり9の字ダンスになったりはしません。人は、さまざまなダンスができるため、ミツバチよりも柔軟性は高いといえます。人は、食べ物のありかを示すにも、さまざまな手段を使うことができます。これが人の創造性に関わってきます。

一人ひとりの唯一性と創造性

約40億年前に生き物が誕生して、原核細胞が真核細胞になり多細胞生物になりました（中村2014）。有性生殖しはじめると、子は、親とは違うゲノムをもつことになります。精子と卵子からそれぞれゲノムを引き継ぎ、それが複雑に組みあわさるからです。これが多様性につながっていきます。現生生物だけでも、５００万〜３０００万種いるといわれています。

万が一、ゲノムが同じであっても、細胞がどのようにゲノムを認知するかによって動きが異なります。人の場合、それは個々人が唯一無二になることにつながっていきます。脳の細胞も、生きている間にレセプターの場所が変わったりして変化していきます。そして同じ時空間を占める人は、その個体以外にいない以上、それぞれの個体が認知する環境も唯一無二です。

一つひとつの細胞の差はごくわずかなものでしょう。しかし個々の細胞は、環境を認知し、その固有の仕方で環境に適応していきます。それが積み重なって、心（マインド）や意識にまで連続的につながっていきます。人間の個体でいえば「個性」と呼ばれるものに連なります。

一人ひとりは、それぞれ唯一性があり、ほかの人とは違う考えかたをしたり表現を行ったりすることができます。誰もが創造性をもっています。これはきれいごとのようにいわれることがありますが、理論的に考えてもそうなのです。決して肩に力を入れて、自分の個性を競って出すことをうながしているわけではありません。むしろ個性を出そうとしなくとも、逆に個性を消そうとしても、おのずから・みずから個性は表れます。個性の消しかたにさえ個性があります。

たとえば同じ大学・学部で同じような年齢で同じ授業を受けていたとしても学生の書くレポートが一字一句同じであることはありません。引用文でないかぎり、たった一文でも同じになることは稀です。むしろ一文以上同じであるならば、それはコピペの疑いをかけるべきです。というのも、どの文も有限の文字の組みあわせから出来ているので有限ではありますし、文法という制約もありますが、文字の組みあわせがあまりに膨大な数に上るため、同じ授業を受けている学生が一文以上同じ文字列を選ぶ可能性はきわめて低いからです。一人ひとりがコピペせずにレポートを書いたら、ほぼ１００％に近い確率で別の文章になります。自分でレポートを書くと、文字の選び方・並べ方にどうしても個性が表れざるをえないのです。

創造性のレベル

人の創造性にはレベルがあります。これまでいくつかの区分が提案されてきていますが、図７で挙げている区分は、心理学者のジェイムズ・カウフマンとロナルド・ベゲットの区分です（Hathcock et al. 2014）。ミニC（mini-Creativity）が基盤としてあり、それがリトルC（little-Creativity）、ビッグC（big-Creativity）につながっていくことを描いた図です。これらは連続性があり、スペクトラム状になっています。リトルCとビッグCとの間に、プロC、つまりプロフェッショナルによる創造性を入れる場合があります。専門家として発揮することが求められるのはプロCです。

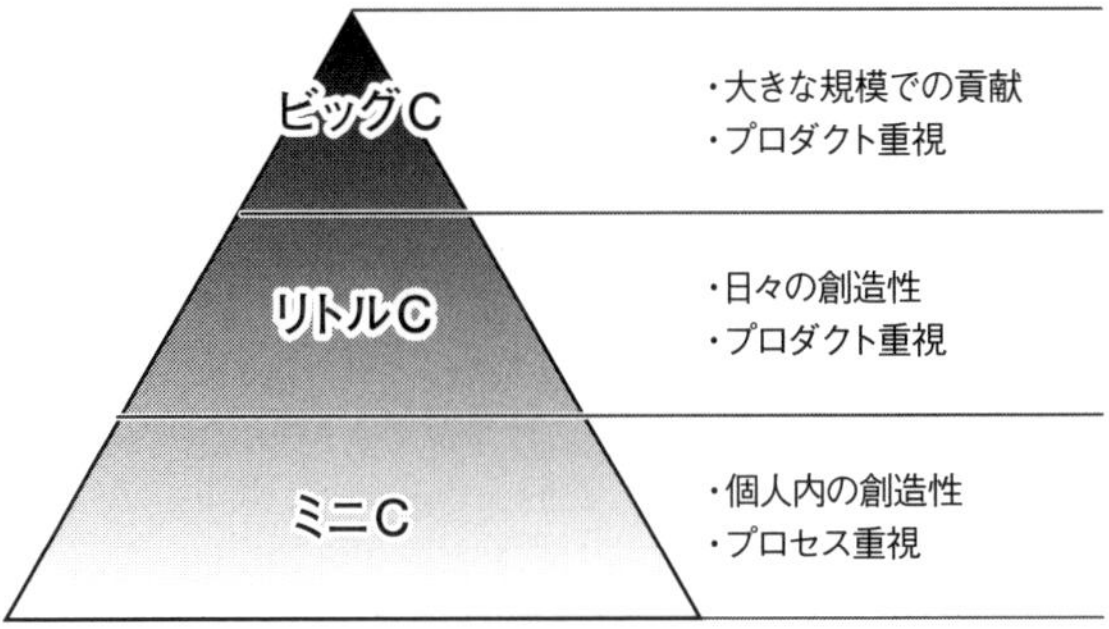

図7　創造性の区分（Hathcock et al. 2014 を一部改変）

一番上のビッグCは、歴史に残るような、歴史的にみて偉大な新しいアイデアや発明を行ったり作品を生み出したりすることを指します。歴史的創造性（historical creativity）といわれることもあります。レオナルド・ダ・ヴィンチやアイザック・ニュートン、ウイリアム・シェイクスピア、ルートヴィヒ・ヴァン・ベートーヴェン、パブロ・ピカソ、スティーブ・ジョブズの仕事を思い浮かべてもらえるとよいかと思います。このビッグCの研究はかなり多く行われており、病跡学の研究では、統合失調症やうつ病などの精神的な病（狂気）と創造性との関係が探られてきました（松本 2019）。少数の目立った人の事例を取り上げその個人的な性質が研究されてきました。

とはいえビッグCの基盤には、誰もが持っているミニCがあります。個人の内面に起きる洞察力や、子どもの日々のお絵かき、ごっこ遊びなどです。遊びを自分で作っていき、遊び自体がどんどん変わっていくような創造性です。人の内面から湧き上がってくる、無意識的な衝動につき動かされた創造性も含まれるでしょう。

このように創造性は、ある人には宿っているけれどもそれ以外の人にはまったく宿っていないというような二分法ではなく、連続的に捉えることができます。ビッグCばかりに注目すべきではありません。

図8は、ミニC・リトルC・プロC・ビッグCの関係が示されています（Kaufman and Beghetto 2009）。すべての人は、ミニCからスタートします。このミニCを大事にしなければ、次のステップに進めません。ミニCが基本です。ミニCは、リトルCないしプロCにつながっていきます。学術的な機関による公式的な訓練を10年ほど受けることによってミニCからプロCにたどりつく可能性が高まります。あるいはティンカリング（いじりまわすこと）によってリトルCに行き、経験豊富な人と非公式に一緒に行動することでプロCにまで到達することがあります。このようなプロセスで創造性が高まっていきます。もちろん、ある領域ではプロCにまでいきますが、別の領域ではリトルCにとどまる人もいます。会計のプロが趣味で陶芸に打ち込む場合などです。

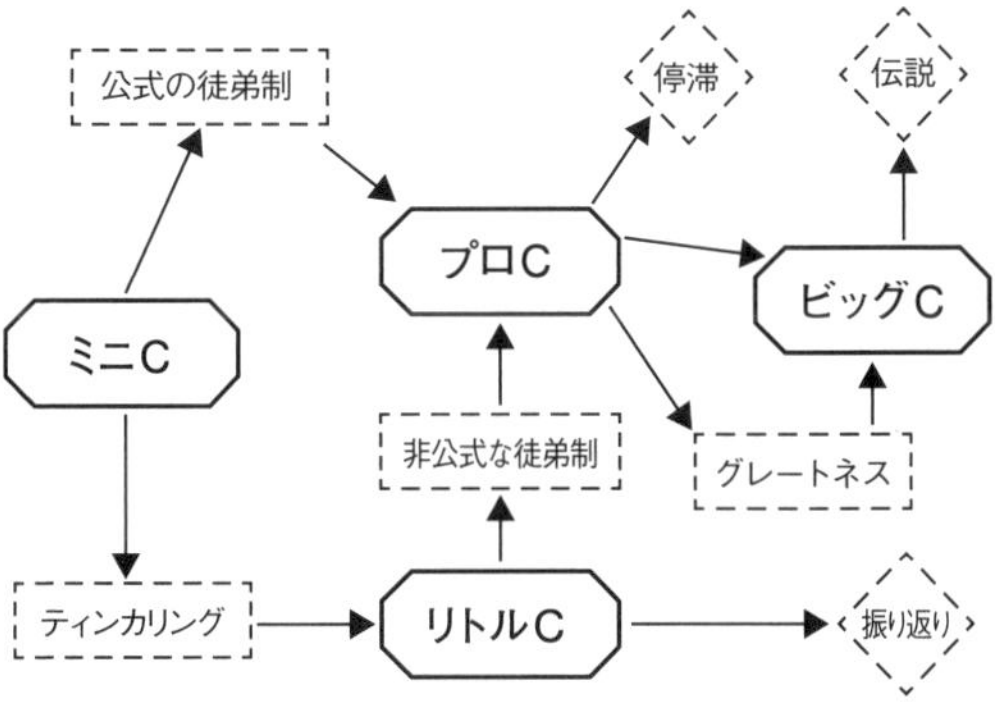

図8　4Cモデル（Kaufman and Beghetto 2009）

プロCは、ビッグCほど派手ではなく目立ちません。しかし着実に社会を変えています。たとえば住宅です。外を歩くと多くの住宅を目にします。私が小さいころから何も変わっていないように感じます。けれども実際は、住宅の性能は大きく向上しています。断熱性・機密性・耐震性が格段に上がっていて、家の基礎の作り方も変わり、ホルムアルデヒド等の対策も換気のシステムや石膏ボードを含めて改善されてきています。家の中の温度が安定することで、体への負担も少なくなり空調もそれほど使わずに済みます。冷房や暖房の使用をおさえられるので、環境にもやさしいです。耐震性があがることで人の命も守られます。外構も、雨水がたまらないように傾斜がつけられます。そのことでカビの発生が抑えられます。これらはプロCの地道な成果が積み重なった成果です。はなやかでなくとも、重要な創造性です。ミニCを基底としたプロCの果たす役割も見逃してはなりません。

ラディカル・クリエイティビティとダブル・クリエイティビティ

それでは機械とは違う、人の創造性とは何でしょうか。端的にいえば、それはラディカル・クリエイティビティとダブル・クリエイティビティです。[6]

ラディカル・クリエイティビティは、生き物の根源的な創造性であり、みずからをみずからでおのずから作り、たえず動的に変化していく創造性をいいます。このような創造性は、機械にはなく、人を含めた生き物特有の創造性であるといえます。この創造性には、経験の組みかえや動き、可動域、弾力、身体の別様の拡張が含まれます（河本 2014）。

みずから以外のモノやコトを作らなくとも、私たちは、日々新しく生まれ変わっています。再帰的に準安定状態を作りながらも、細胞レベルから身体が変化し、それにともない思考も変化しています。こういった創造性は、胎児や幼児であっても、あるいは重い認知症を患っている人であっても寝たきりの人であっても、その内部に宿している創造性です。

若い人だけのものではありません。誰もに備わっており、特別な誰かだけが宿す魔法のようなものではありません。意識や知性によるものではなく、生き物の来歴にもとづきながら、それぞれの生き物の内側から形成されていく創造性です。

ラディカル・クリエイティビティは、生きていることそのものといってよいでしょう。生きていることと価値は直接結びついています。広告やアート、デザインなどのクリエイティブ産業に回収されるものでもありません。繰り返しになりますが、自分とは別の何かを作らなければならないというわけではありません。モノやコトを作るという視点だけでクリエイティビティを捉えてそこに価値を置いてしまうと、自分が何かを作れないで苦しんでいる人は、自分には価値がないと思いこんでしまいかねません。その考えを他者に向けた場合は、モノ・コトを作らない人は価値がないといった誤った理解にたどりついてしまったり、作ることを強制してしまったりすることになるでしょう。

ラディカル・クリエイティビティは、当然のことながら作品の数や論文の数などのように生産物を量的に捉えるだけではみえてこない創造性です。芸術作品の値段でわかるものでもありません。量的観点や経済的観点からのみ創造性を捉える人は、このような創造性を考えても意味がないと思うかもしれません。けれども、この創造性を見失うと、創造性に重きを置く社会のなかで大きな倫理的問題を引き起こしてしまうでしょう。ラディカル・クリエイティビティは、すべての人に備わっている根源的な創造性です。

もう一方のダブル・クリエイティビティは「モノ・コトを作る」という観点でみたときにみえてきます。自分自身を作り、かつ他のものを作るという二重の創造性のことです。前に書いたように機械は自分自身を作れません。一重の創造性です。それに対して生き物である人は、オートポイエーシスであり、さらに他のアロポイエティック・システムなどを作ることができます。あとでいう社会−技術システム全体（技術を媒介とするコミュニケーションの集合体）のありかたを構想して実践的に創造することもできます。自分だけでなく自分以外のモノ・コトを作る二重の創造性をもっています。

第1章で4つのPの観点からコンピュータの創造性を考えたときに「人間の側が〝枠〟をはめてやらないといけない」と指摘しましたが、この点は、コンピュータがアロポイエティック・システムであることからきており、根本的な解決を図ることが難しいといえるでしょう。

日本人と創造性

ごく簡単にではありますが、ラディカル・クリエイティビティとダブル・クリエイティビティについて説明してきました。この本の最初に述べたようにコンピュータも創造性をもっていますので、人の創造性の特徴についてはよくわからない状況になってきています。しかし、人の創造性の輪郭を明確にしておくことはとても重要です。それは、本書の後半で扱う技術倫理を構築する意義にもかかわってきますが、ここでは近年、心理学や認知科学で注目されている創造的自己信念（creative self-beliefs）についてだけ触れておきましょう（石黒ほか 2022）。

創造的自己信念は、自分自身の創造性をどのように捉えているかという信念です。創造的なことができるという自信があったり創造性に価値をおいていたりすると、実際の創造的活動につながるという考えかたです。そのため、人がみずからの創造性を見失ったり、コンピュータのほうが創造的であるために自身の創造性に価値をおかなくなったりすると、みずからの創造的活動にうまくつながっていかない可能性があります。こういった意味でも、私たちは、人の創造性をきちんと捉えなければなりません。

特に日本人はその必要があります。アドビ システムズ（現・アドビ）が２０１７年に行ったオンライン調査結果によると、日本のZ世代の子どもたちの中でみずからを「創造的だ」と回答した子はわずか８％でした（アドビ システムズ 2017）。他の国の結果をみると、アメリカ47％、イギリス37％、オーストラリア46％、ドイツ44％です。アンケートの対象となった他の国の子どもたちに比べて日本は、飛び抜けて低い数字です。

それだけではありません。日本では教員も子どもたちが創造的だとは考えていません。日本の教員がZ世代の子どもたちを創造的だと答えた比率は２％にすぎませんでした。他の国は、アメリカ25％、イギリス27％、オーストラリア32％、ドイツ26％でした。日本は、こちらの数字も飛び抜けて低い数字といえます。

しかし、同じくアドビ システムズの２０１２年のオンライン調査では、アメリカ・イギリス・ドイツ・フランス・日本のなかで、もっともクリエイティブな国だと思われているのは日本（36％）で、なんとアメリカ（26％）を上回っています（Adobe Systems 2012）。クリエイティブな国として回答されたのはドイツ12％、フランス11％、イギリス９％と続いています。このときの調査でも、日本の人たちは自分たちを創造的だと思っていませんでした。にもかかわらず、ほかの国の人たちからみると、日本はとても創造的なのです。

もちろん日本の人たちは、自分を創造的だと思っていないからこそ創造的であるという見方もできるでしょう。けれども日本の人たちは、どうもビッグCのみを創造性だと考えているふしがあります。そのように考えている人は発想の転換が必要です。創造的自己信念の知見を踏まえるならば、ミニCを踏まえてみずからを創造的であると考えると、もっともっと創造的になれるのではないでしょうか。人は誰もが、機械とは違う創造性があるということを忘れるべきではありません。

この章を斜め読みした人は、「人間だって機械によって影響されるじゃないか」とツッコミをいれたくなっているかもしれません。実は、それこそが本章の最初に述べた観察レベルの混同なのですが、人と機械が合わさって連動して相互作用する系については、次の第3章で扱っていきます。

その前に、「人間だって〝枠〟をはめてやらないと動けないのではないか」という疑問について簡単に触れておきます。たしかに、そういった側面はあるでしょう。社会のルールのようなものがわからないと、どのように行動してよいのかわからなくなります。

その社会の〝枠〟についても第3章で述べますが、それとは別に、他の人から指示されないと動けない人がいます。指示されたりマニュアルに頼らないと、自分で考えて動けないのです。あるいは授業でも、先生のいうとおりにコンピュータ・プログラムを書いて正解にたどりつくのだけれども、それ以外で自分の好きにプログラムを書いて作品を作ってよいとなると、何をやってよいのかわからず、まったく手が動かなくなったりしてしまうことがあります。それは正解や決まった手順を単に教わるだけの教育に慣れ親しんでしまっているからでしょう。そのような教育は、予定調和で計画どおりに進みますので教師としても楽で、いまだに多くの場でみられます。ただし、それは本来的にはオートポイエティック・システムである人をまるで単なるアロポイエティック・システムであるかのように扱っているといえます。そのような教育の下では、人の創造性の特徴が発揮できなくなってしまい、コンピュータに代替されるような能力しか身につかなくなってしまうでしょう。

これは学校教育だけでなく社員研修でも同じです。会社に入るときに徹底的に画一した行動をとるように研修が行われることがあります。そのような研修を受けたあとでは、別の研修で議論させても、研修の講師の正解を先読みし、落とし所のみを探っていきます。妙なことをいうと怒られるので、あたり障りのないことばかりを考えるようになります。画一的な教育ばかりが横行しているなかで、急に創造性といわれても多くの人は困ってしまうでしょう。したがって生成ＡＩの時代には、機械のように人を扱うのではなく、人のラディカルでダブルの創造性を根本的に尊重するような教育をいろいろなところで行っていくことが欠かせません。それについても第3章で述べます。
それでは、次に観察のレベルを変えて、人とテクノロジーとの相互作用を捉える観察レベルに移行しましょう。

注

1　たとえば、スタニスラス・ドゥアンヌ（2015）『意識と脳』（高橋洋訳）紀伊國屋書店、マーク・チャンギージー（2012）『ひとの目、驚異の進化』（柴田裕之訳）インターシフト、などがあります。

2　本来なら区別するべき情報の種類――基礎情報学でいう生命情報／社会情報／機械情報、ルチアーノ・フロリディのいうデータ／意味論的情報――が区別されないことが多く、そのため生き物も機械も情報変換体として同列に置かれることがしばしば見受けられます。

3　サイバネティクスより前にも、自然や人間、国家などを複雑な機械と捉える考えかたはありました。たとえばトマス・ホッブズの思想です。

4　日本語のタイトルは、主タイトルが『人間機械論』であり、「人間の人間的な利用」はサブタイトルに回っています。

5　Earth, globe, internet, browser, world icon by Andrian Valeanu (the license is Attribution 3.0 Unported (CC BY 3.0)). このアイコンは、ほかの図でも使用しています。

6　これは、私がたどりついた結論というよりも、大井奈美・西田洋平・椋本輔・原島大輔・中村肇のメンバーで集中討議を行った結果、みいだされてきたものです。

第3章　人・テクノロジー・社会の共変化

機械単独の創造性？

これまでの繰り返しになりますが機械に創造性があるという人は多くいます。結合的創造性や探索的創造性の表面的な部分だけに着目すれば、コンピュータは人をはるかにしのぐことがあります。

とはいえ、ＡＩを含めた機械それ自体の内部の原理は人が作っています。このコンピュータの創造性を生み出しているのはあくまでも人です。人が使用目的を想定して作り、メンテナンスしてはじめて動きますので、そのことをいわずに機械単独あるいはＡＩ単独の創造性ばかりを持ち上げるのは、新しいことが起きていることをただ強調したいだけでしょう。あえて開発者や運営者がいないようにみないと、つまり開発者や運営者の存在を消して考えないと、機械単独の創造性は成り立たないといえます。

かつての囲碁の対局においても、ＡＩ対トップ棋士といった構図でさかんに報道されました。しかしあれは、きわめてすぐれたＡＩ開発チームがいて、そのチームが豊富な計算機資源とＡＩを使って自分たちの能力を拡張してトップ棋士に勝利した、いわば「異種」格闘技戦のようなものだったと捉えられます。「（ＡＩ＋開発チーム）対トップ棋士」だったのです。

機械の創造性をいうには、どうしても機械＋人という枠組みで考えていく必要があります。逆にいうと、人の創造性は機械の創造性を生み出す創造性でもあるといえます。前の章で述べたダブル・クリエイティビティです。

環境とともにある知

とはいえ、人の生身の身体だけに限って議論するのも奇妙な感じがします。プラトンが文字について語ったことを思い起こしましょう。プラトンは、紀元前427年～347年に生きた古代ギリシャの哲学者です。プラトンは、師匠のソクラテスを主人公とした、対話で構成される書物を数多く書きました。ソクラテスは書物を書かなかったのですが、弟子のプラトンは、ソクラテスの教えを文字にし書物にしていきました。プラトンが生きた時代は、アルファベットがギリシャに広がりはじめ、書くことを知らない声の文化から、読み書きを中心とする文字の文化に転換しつつありました。プラトンが書いた『パイドロス』という本のなかで次のような有名な箇所があります。

……話が文字のことに及んだとき、テウトはこう言った。「王様、この文字というものを学べば、エジプト人たちの知恵はたかまり、もの覚えはよくなるでしょう。私が発見したのは、記憶と知恵の秘訣なのですから。」――しかし、タモスは答えて言った。「……人々がこの文字というものを学ぶと、記憶力の訓練がなおざりにされるため、その人たちの魂の中には、忘れっぽい性質が植えつけられることだろうから。それはほかでもない、彼らは、書いたものを信頼して、ものを思い出すのに、自分以外のものに彫りつけられたしるしによって外から思い出すようになり、自分で自分の力によって内から思い出すことをしないようになるからである。じじつ、あなたが発明したのは、記憶の秘訣ではなくて、想起の秘訣なのだ。また他方、あなたがこれを学ぶ人たちに与える知恵というのは、知恵の外見であって、真実の知恵ではない……」（プラトン 1967：134-135）

内から思い出すことが記憶であり、それが真の知恵だというのです。皮膚で囲われた生身の身体の内部に記憶することが重要であって、文字に頼って思い出しながら考えるというのは知恵のみせかけというのです。文字とともに考えることが否定されています。ソクラテスの教えとは、このようなものだったのでしょう。

けれどもプラトンは、ソクラテスの考えを文字にしています。また、それまでの声の文化のなかで作り上げられてきた人の考えかたとそれを育む教育とを批判し、新しい文字の文化にふさわしい考えかたと教育をつくりだそうとしました。そのために、声の文化の中心であった詩人たちを国家から追放すべきであると主張しました（ハブロック 1997）。

プラトンは、いわば声の文化と文字の文化との境界に位置していたといえるでしょう。ソクラテスが語ったかのように書いた文章において、書き言葉によって真の知恵が身につかなくなるといっています。一方で、ソクラテスの大事な教えを書き言葉にしたり、声の文化の象徴であった詩人を国家から追い出し、新しい国家や教育を作ろうともしました。プラトンは、声と文字について相反する考えを同時に抱いていたといえます。

とはいえ実際には、文字とともに思考する習慣は大きく広がりました。自分の内にすべてを記憶しようとする人はごく稀でしょう。

もちろん逆方向の動きもありました。文字が生まれた後、紀元前1世紀ごろに記憶術が

図9　写本する人（Jean Miélot）public domain

生まれています。記憶術は、弁論術の一種でして人前で雄弁に話すときに必要とされました。出世を望む人は、記憶術をマスターしてメモをみずに熱弁をふるいました。メモをみると迫力や説得力に欠けるからでしょう。「場所」に「イメージ」を貼り付けて、頭の中の記憶の空間をめぐりながら思い出して話していきます。それなりに精神的負荷がかかり、疲労感をともないます。

時代とともに、記憶術のように記憶を身体の内面に抱え込むのではなく、文字などに刻み込んでいく方法が多くなっていきました。書物が作られ、4世紀ごろにはコデックス（冊子体）という今の本の

図10　神戸港震災メモリアルパーク　public domain

ようなかたちができました。修道院や僧院の写本室で本が作られました（図9）。

15世紀半ばの活版印刷技術の発明以降は、同じ本の大量生産ができるようになりました。本を収める施設も作られました。図書館は代表的な例です。もちろん図書館は、活版印刷技術が生まれる前からありました。しかし、19世紀半ば以降、身分や貧富の差によらず利用できる図書館が生まれたことによって、多くの人が多くの知にアクセスできるようになりました。図書館だけでなく、博物館や美術館、文書館などのアーカイブ機関も作られました。くわえて、モニュメントを作ったり、あるいは戦争や災害、事故などが起きた場所を修繕せずにあえて残すことも行われています（図10）。すでに行われているように、今後デジタルアーカイブ（ズ）化が進んでいくでしょう。次々と記憶を外に刻み込んでいます。私たちは、みずからを取り囲む環境とともに、いろいろなものを思い出すようになってきています。

私たちの内面の記憶には限界があります。私自身は、三歩歩くとすぐ忘れるので、環境にさまざまなものを記録しています。自分の仕事場の電話番号も覚えていません。

テクノロジーによる人間の認知と作用の拡大

くどいようですが人と機械は異質です。機械は、人に似てきていますがオートポイエーシスではありません。それでも機械を含めたテクノロジーは、人の拡張ではあって、個人や社会が作っていく存在であると同時に、人々の考えかたや社会のありかたに影響を与えてきました（マクルーハン2021）。

テクノロジー（メディア）と人は、ともに変化してきました。人がテクノロジーを生み出し、そのテクノロジーを使って人が新たなテクノロジーを開発してきました。そのなかで人々の認知も作用も生活も変わっていきました。人は、他者や社会との関係によって変わっていきます。それと同様、テクノロジーとの関係によっても変化していきます。

よく「道具は使い方次第」といわれます。そして「テクノロジーは単なる道具」ともいわれます。まるでそれを使っている人間は変わらず、道具の影響を受けないかのように聞こえます。しかし実際は、テクノロジーとともに人も変わり人間社会も変わってきました。

たとえば文字のない「声の文化」の人たちは、言葉の定義には関心を示さなかったり喧嘩っぱやかったり、あるいは伝統を守る傾向にあります（オング 1991）。文字ができると、身体の内部に蓄えきれないほどの情報を書き言葉で記すようになりました。声を出して文章を読んだり、修道院や大学などで社会的に書物を蓄積していきました。

やがて印刷文化が普及し、個室が生まれることによって、人々は一人で静かに考えることが増え、自分で自分のことを考えはじめ個人（近代的個人）という概念が生まれました。あわせてプライバシーが肯定的に捉えられるようになりました。技術が社会に与える影響も大きく、印刷文化がなければ科学革命も産業革命もなかったでしょう。正確に知識が流通するには、正確に資料を複製する必要があり、それには印刷技術が欠かせなかったのです。

いまやテクノロジーがなければ日常生活が成り立たないほどです。テクノロジーがあるからこそ、蛇口をひねって水を出したり、エアコンをつけて室内の温度を調整したり、電気をつけて夜でも仕事をしたりすることができます。これらは、すべて20世紀に普及したテクノロジーですが、それらが災害などで使えないと私たちはとても困り果ててしまいます。

テクノロジーによって人の認知も変化してきました。さきほどの近代的個人の成立もそうですが、テクノロジーを介して、どのようにいろいろな物理現象や生命現象、社会現象が成り立っているかを知るようにもなっています(図11)。

望遠鏡や顕微鏡、カメラを思い浮かべるとわかりやすいでしょう。変形的創造性のところで天動説から地動説への転換を例として挙げましたが、あのような転換は望遠鏡が作られたからこそ起きたわけです。肉眼であると、どうしても地球が中心で、太陽や月が地球の周りを動いているようにみえます。望遠鏡がなければ、今でもまだ天動説を唱えているかもしれません。

また顕微鏡がなければ、毛細血管も細菌も見えませんので、私たちの生体に関する認知はいまとはまったく違っているといえます。電子顕微鏡ができたからこそ、ウイルスという存在が見え、野口英世の発見の多くが覆されたのです。新型コロナウイルスについても、

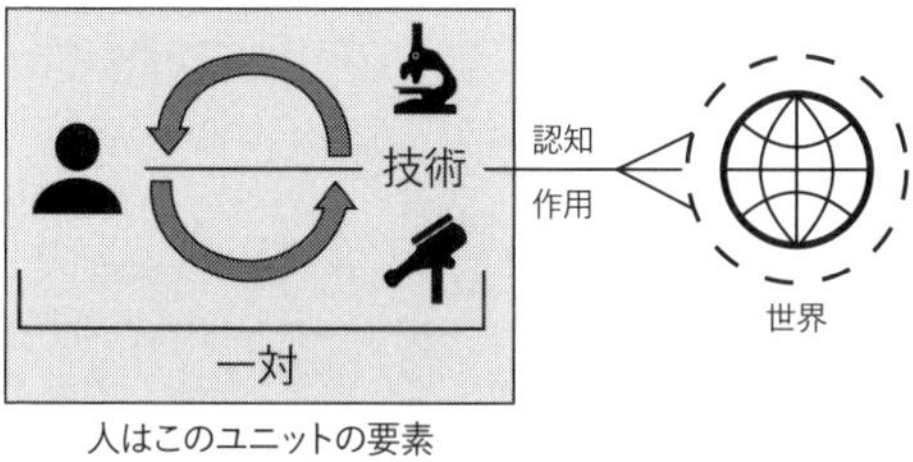

図 11　テクノロジーと一体化した認知と作用（筆者作成）

電子顕微鏡がなければ、なぜ多くの人が味覚障害に陥ったり呼吸困難になったりして、大きな健康被害が出ているのかわからないままだったでしょう。

カメラも、シャッタースピードや絞り値（F値）、ISO感度を変えて人の肉眼ではみられない風景を切り取ります。ドイツの思想家ヴァルター・ベンヤミンは、かつて写真について次のように述べています。

> カメラに語りかける自然は肉眼に語りかける自然とは当然異なる。異なるのはとりわけ次の点においてである。人間によって意識を織りこまれた空間の代わりに、無意識が織りこまれた空間が立ち現れるのである。たとえば人の歩き方について、大ざっぱにではあれ説明することは、一応誰にでもできる。しかし〈足を踏み出す〉ときの何分の一秒かにおける姿勢となると、誰もまったく知

らないに違いない。写真はスローモーションや拡大といった補助手段を使って、それを解明してくれる。こうした視覚における無意識的なものは、写真によってはじめて知られる（ベンヤミン 1998：17-18）

テクノロジーなしには人の能力は大きく制限されてしまいます。ここ何世紀もの間、自然科学の発見は、私たちが肉眼で知るスケールをはるかに超えてしまっています。生身の感覚だけではニュートリノもみつけられません。

自分の頭のなかではなく、私たちはテクノロジーと一体になって考えているということが、最近「拡張された心」という言葉でいわれはじめてきています。人の知を周囲との関係のなかで把握しようとする流れです。この観察対象の捉え方はメディア研究では実に慣れ親しんだ考えかたです。むしろそうした考えかたを前提としてメディア研究は進んできました。この観察レベルに立つからこそ、メディア研究は、メディアの及ぼす影響——マスメディアの偏向報道など——を問題にしてきました。

たとえばマスメディアが偏ると、人々の考えも偏り、社会が偏るので問題だとしてきました。マスメディアの報道内容とともに、人々は考えるという捉え方です。もちろん、人とメディアがどこまで一体として考えているのかということ自体、オーディエンス研究などで研究されているわけですが、そのような議論も、この観察レベルで捉えているといえます。メディア研究の一源流を作ったマーシャル・マクルーハンは、身体の拡張としてメディア（テクノロジー）を捉えたうえで、私たちがみずからの拡張である技術に絡み取られて、そこから距離を取れなくなるといっています。

くわえてサイバネティクスの学者でもあったグレゴリー・ベイトソンも、機械や人を含んだ生態系全体を心（マインド）と考えていました。このような観察レベルで知を捉えることが次第に増えてきているように感じます。人の知は、身体の境界をこえて広がっています。

コンピュータとの混成系

人と機械との関係は、より深く、より込み入って混成してきました。まぎれもなく、コンピュータが高度化・ネットワーク化・遍在化してきたためです。

よく知られているように、コンピュータのイメージの一つとなったヴァネヴァー・ブッシュのメメックスは、個人の知的増幅装置として考えられました（ブッシュ 1997）。１９４

5年に発表された、机と一体になった検索システムです。ブッシュは、アメリカの科学技術を先導した人で、メメックスの構想は、マイクロフィルムを使うなど当時の技術に縛られていたものの、後年に大きな影響を与えています。コンピュータが単独で思考するというよりも、人の知的活動を増幅させるものとして考えられたのです。

1940年代当時、すでに出版物の量が増えすぎ、研究者が読みきれなくなっていました。このままでは研究成果を積み上げたとしても、うまくいかしきれません。そのためブッシュは、出版物をマイクロフィルムに縮小し記録して机の上で取り出せるようにしてはどうかと提案しました。それがメメックスです。個人用の装置であり、その人の連想を机と一体になった機械に記録しておき必要に応じて検索できるようにするシステムです。私たち人は、図書館の分類システムのように考えるわけではなく、連想にもとづいて物事を考えます。その連想を記録しておき、机の上のスクリーンで見ながらキーボードなどで操作することが描かれました。メメックス（memex）という名前は、人の記憶（memory）のありかたを模倣（mimic）した装置であることから名づけられたといわれています。

コンピュータによる認知の拡大

コンピュータによって認知を拡大している例は数多くあります。たとえば、調べものや考え事をするときです。かつてであれば、図書館に行って資料を集めたでしょう。あるいは紙に書いて考えを整理したと思います。しかし、いまは調べものがあるとすぐにインターネットで調べますし、少し考えればわかることでもすぐにインターネットにキーワードを打ち込みます。スマホを肌身離さずいつも手の届く範囲に置いていて、なにかあるとすぐに取り出します。インターネットが使えないと、あるいはスマホがないと、なんだか落ち着かない気分になります。私たちは、コンピュータを介して考えることにあまりに慣れ親しんでいるといえます。人と人工物とは一体になっています。

私たちの命に直接的にかかわる医療・健康の領域でも、コンピュータを使った認知の拡大が行われています。医者の五感を頼りにした打診・触診・聴診・視診もいまだに重要ですが、医療の人たちも、生体情報モニタをみてバイタルサインをモニタリングしますし、内視鏡のCCD（超小型カメラ）を使って胃の中の病変をリアルタイムで拡大して観察します。音声認識のAIは、音声の波形のパターンをみることができるため、喘息や肺炎、新型コロナウイルス感染症にかかっているかを診断するのに役立ちます。がんの研究においても、機械学習による絞り込みによって、これまでほとんど研究されていないわずか23の遺伝子が、乳がんにかかったあとの経過を左右することがわかったりしてきています(Shimizu and Nakayama 2019)。ＡＲ（Augmented Reality）を使った研修や手術の補助なども行われています。管をどのように入れたらよいのかを疑似体験したり、切除する範囲をわかりやすく表示したりすることに使われています。

一般の人も、ウェアラブルセンサーが身近になったこともあり、また予防医療の高まりという社会的背景を受けて、健康を害する前のデータを集めるようになってきました。特にスマートウォッチによって、心房細動のデータまで取得できるようになっています。直感だけでは自分の体の状態を把握しきれません。そのため、テクノロジーを駆使して体の状況をみていくのです。

生成ＡＩも、それを使うことで認知が拡大された例があります。オンラインチャットで顧客サービスを行っていた会社が生成ＡＩを組み込んでみたところ、1時間あたりの問い合わせ平均解決件数や、担当者によるチャットの対応数がともに15％ほどあがり、チャットの平均応答時間も10％近く短くなりました（マカフィーほか 2024）。なにより新しく採用

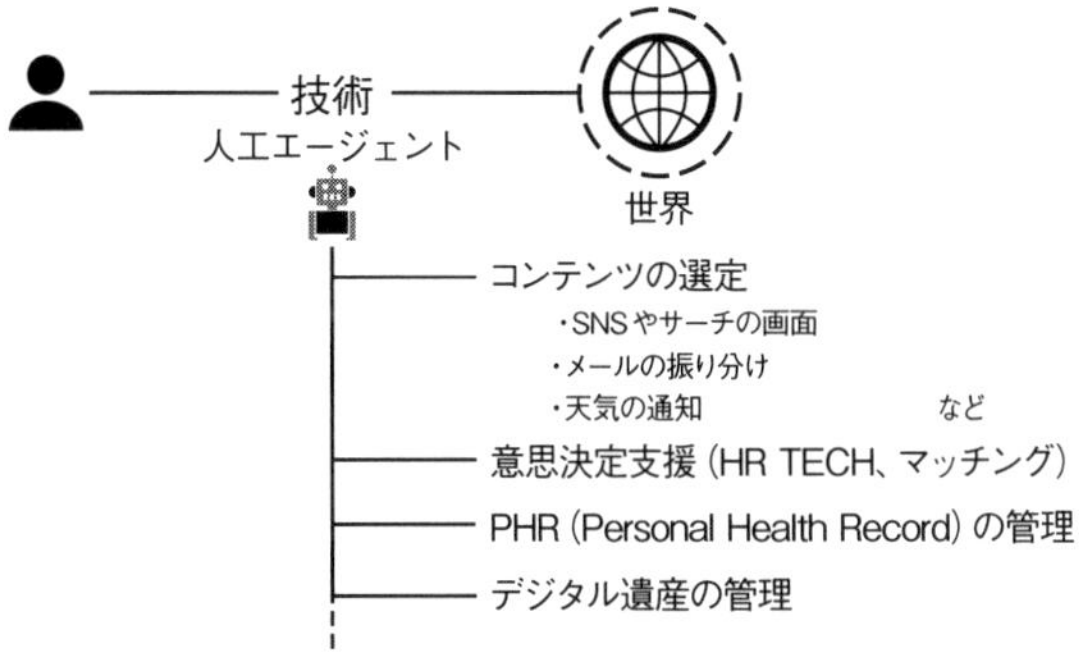

図12　人工エージェントの機能（筆者作成）

された不慣れな人の業務が大幅に改善され、離職率も下がりました。この会社では、新しく採用された人が仕事に慣れる前にやめてしまうことが課題でしたが、生成ＡＩがチャットの回答を支援することで、離職を踏みとどまった人が増えたといえます。顧客満足度もあがりました。

人工エージェント

近年、人工的なエージェントが注目を浴びていますので、それについても触れておきます。ルチアーノ・フロリディやジェフ・サンダースは、エージェントの条件を、意識や意図、内省を外して以下の三点としました（Floridi and Sanders 2004）。

（1）双方向性：状態変化による刺激に対応すること
（2）自律性：刺激なしでも状態を変化させる能力
（3）適応性：状態を変化させる推移規則を変化させる能力

この三条件でエージェントを考えると、さまざまな領域に人が作ったエージェントが入っていることが見えてきます（図12）。[1]

たとえば、SNSやサーチエンジンにおけるコンテンツの選定です。デジタルデータの量があまりにも膨大になっており、利用者がすべてをみることは事実上できません。そのため開発・運営側は、利用者にとって心地よいSNSやサーチエンジンになるようにエージェントを作り、それがフィルターのような機能を果たしています。開発・運営側としては、利用者に継続的にサービスを使ってもらい、広告料やサブスク料を稼がなければなりません。それゆえ人工的なエージェントを使い、これまでの利用行動をもとに利用者が興味をもたず喜ばないコンテンツをあらかじめみえないようにしています。逆に利用者の興味をひくコンテンツを積極的に通知しています。

天気のアプリにも人工的なエージェントは入っています。雨雲が近づいてきたり気温が

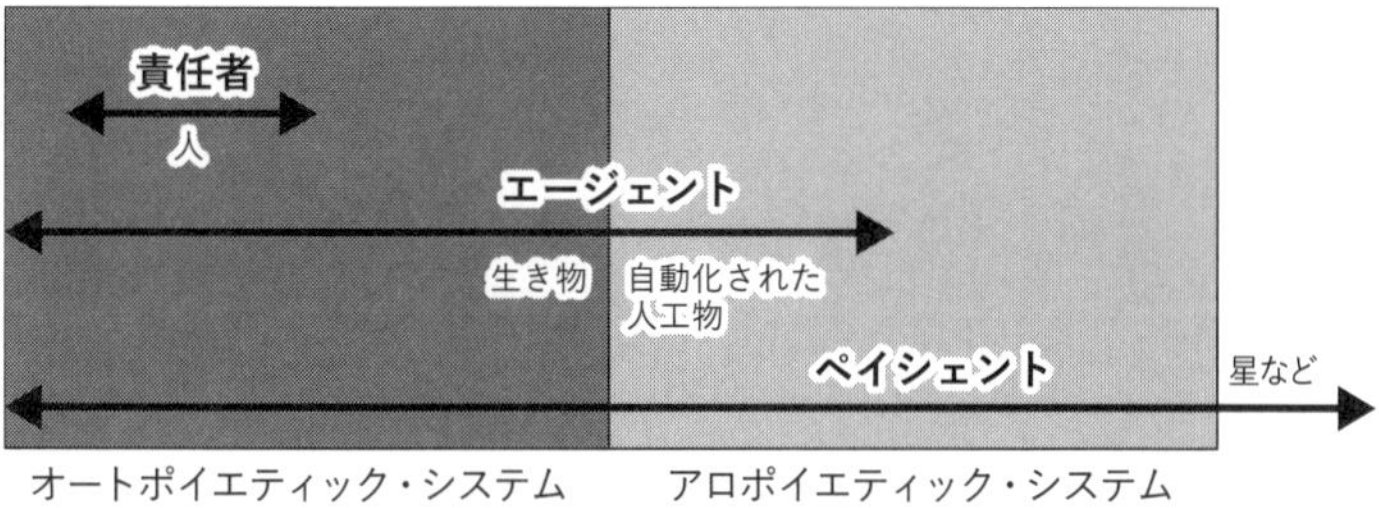

図 13　エージェントの位置づけ（筆者作成）

大幅に変化したりする場合に利用者に通知します。ヘルステックの領域でも、スマートウォッチで不規則な心拍があったことを通知したり、利用者が事前に医療や介護に関する希望を人工エージェントに入力しておけば、病気が進み意識が朦朧としたとき、それを医療機関がみて治療の判断に役立てたりできるでしょう。葬式の希望やその人が残したデジタル遺産（亡くなった人のデジタルデータであり、デジタル資産に加え、ソーシャルメディア上のアカウントやコンテンツも含む）の扱いも、エージェントに入力しておけば、それを周りの人が見て決断できます（中川 2020）。このほか、人工的なエージェントとしては迷惑メール・フィルターや、マルウェア（悪意のあるソフトウェア）からの攻撃を自動的に遮断するセキュリティソフトウェアなどがあります。このように人工的エージェントは、すでに社会のなかに定着しています。今後さらに普及していくでしょう。

念のため述べておきますと、この人工的エージェントはあくまでもアロポイエティック・システムです。図13にあるようにエージェントは、生き物と人工物の両方にまたがった概念であり、人もエージェントでありAI・ロボットもエージェントになりえます。けれども、ともにエージェントであるからといって、両者が同じであるということにはなりません（河島 2021）。人工エージェントは高度に自動化しており、人がいつも直接的に操作する必要はないといっても、それは生き物ではなく、コンテンツの選定などの目的に応じて外から設計され作られています。

人工エージェントは、人がみずから余計なコンテンツから興味のあるコンテンツを選り分けるのを助けたり、自分では気づかないことを通知してくれたりします。そういった意味で、人工エージェントを使うことで人の認知は拡張されているといえるでしょう。

もちろんテクノロジーによって認知を拡張するだけであらゆる問題が解決できるわけではありません。社会の問題を新たに生み出したり、さらには問題を広げてしまうことさえあります。そういった点は、本書の後半で扱う倫理の議論へとつながっていきます。

テクノロジーと表現

テクノロジーを介してみずからの創造性を表現することも増えてきています。紙や鉛筆、コピー機等、いろいろなメディアを使い、私たちは表現します。

視覚に難のあった哲学者フリードリヒ・ニーチェは、後年タイプライターを使いました。そのことについてメディア研究者のフリードリヒ・キットラーは次のようにいっています。

自らが機械化されたことを公表するのに、他のどんな哲学者よりも誇りを覚えていたニーチェは、論証からアフォリズムへ、思索から言葉遊びへ、修辞から電報文体へと変容していった。そしてまさにこのことが、文具はわれわれが思考するさいにともに作業しているという、あの一文の意味しているところなのだ（キットラー 1999：313）

手で書くのに比べて、タイプライターを使えば数倍のスピードで書くことができます。アメリカの作家ジャック・ケルアックは、タイプライターを使って自分の中に渦巻いているものが消えてしまわないうちに高速でタイピングしました。そのためにタイプライターに必要だった紙の差し替えを嫌って、巻き紙に名作『オン・ザ・ロード』をタイプしています（旦 2010）。書くテクノロジーによって、私たちの創作物は影響を受けています。

そして、いまはコンピュータを使った表現が気軽に行えるようになりました。実感しにくいことかもしれませんが、手書きよりも身体的に楽に、そして早く書けるようにもなってきています。私の経験でいうと、大学に入る前、日本語の文章の書き方がまったくわからず戸惑った時期がありました。いまでも文章の難しさにいつも直面していますが、あの当時、文章の書きかたがわかるのではないかと考えて、よい文章の本を1冊まるごと手でノートに書き写してみようと試みたことがあります。しかし、少しずつ写していきながらも、途中で絶望感にかられました。何日も何日も時間を費やしたにもかかわらず、手が痛くなっても、写し終わる目処がまったく立たなかったのです。結果的に挫折しました。手で書くのは、かなりの体力が必要とされます。

小説家の浅田次郎がある講演で語っていたことですが、日本の小説は、１９８０年代以降にワープロが使われだしてから、どんどんその分量が多くなっています。日本最大の小説投稿サイト「小説家になろう」は、小説掲載数が１００万点（２０２３年８月時点）をこえていることだけでも驚きですが、文字数が１００万字を超える作品が一定数あることにも驚きを隠せません。これが手書きであったら作品数も文字数も大きく減るでしょう。生成AIを使うことにより、今後、作品数だけでなく文字数も著しく増えていくのではないでしょうか。

ルールベースのAIを使った創作は古くから行われてきました。1960年代には、すでにAIが創作することが指摘されています。たとえば、ピエト・モンドリアンの抽象絵画をシミュレートするプログラムが作られて模造品が作られました。1980年代にも、コンピュータがバッハ調の音楽を作曲する試みがなされています。コンピュータのアルゴリズムを使って作品を生み出すジェネラティブ・アートも、長く続いてきました。河口洋一郎の作品は、いまいる生き物とはまったく違った、妙に魅力的な造形がCGで表現されています。

そしてこの10年ほどは、機械学習のAIを使った制作が活況を呈しています。徳井直生が書いた『創るためのAI』(2021)では、人とAIとの組みあわせによって生まれた新しい芸術作品が多数紹介されています。AIが出力する間違いや異質さがトリガーとなって表現を拡張する取り組みが具体的に述べられています。

それだけでなく生成AIは、マーケティングツールのようにも使われています。小説のタイトルやあらすじが読者に受け入れられやすいかを評価するAIを自分で作り、その評価を参考にして小説のタイトルをつけたところ、「小説家になろう」のヒューマンドラマジャンルで年間1位、Kindleストアランキングにおいて最高順位1位（ライトノベルジャンル）を達成した人も出ています（ソフトバンクニュース編集部 2023）。

また作業の効率化にも使われています。ロゴやBGM、小説の作成や、漫画やアニメの制作を助ける着色や中割の自動化も進んでいます。さらにNetflixにおいては、アニメの背景画像の制作に画像生成AIが使われたことがあります（西田宗千佳 2023）。アニメ業界は、人手不足が深刻で手数が圧倒的に足りず、そのためにAIへの期待が特に大きくなっています。画像生成AIであっても、最初のプロンプト（入力するテキスト）で生成された画をそのまま使えることはまずないでしょう。かなり複雑なプロンプトを試行錯誤していったり、生成された画を人が描きなおしたりして、徐々によい画が作られていきます。音楽生成AIや動画生成AIもあります。

AIを使ったコーディング支援ツールGitHub Copilotを使うと、生産性が向上してストレスが減り、より満足のいく仕事に集中できる人が多いという調査結果があります（Kalliamvakou 2022）。また、ライティングの仕事についても、ChatGPTを使えば、生産性が上がり作業時間が少なくなり、そのうえ仕事の質も上がるという報告も出ています（Noy and Zhang 2023）。人と機械が違うことを踏まえて創造の現場が作り上げられてきています。

ただ、人と人工物とが一体となった認知や作用の空間を考えるときに忘れてはならないのは、人がいてはじめて場が駆動するということです。たとえばサーチエンジンで何でも探せるので何も勉強しないでよいと考える人がいるかもしれませんが、なにを検索語として打ち込むかは人に依存します。あるいは生成ＡＩがあるので勉強しないでよいと考える人がいるかもしれませんが、プロンプトで何を入力するかは人に依存します。人によって、どのような認知空間が立ち上がるかはまったく変わってきます。専門用語を知っていたらサーチエンジンや生成ＡＩがよい結果を返せることだったとしても、専門用語を知らなければうまくいきません。適切な認知空間が立ち上がってきません。また、そもそも検索結果や出力結果を解釈できなければ、それは認知空間が成立しているとはいえないでしょう。再度、検索語やプロンプトを入れて試行錯誤していくにも、人が起点となります。

大学に入ると、図書館やデータベースの使い方を習います。図書館やデータベースがあったとしても、使い方を知らないとうまくアクセスできず、認知空間を適切に立ち上がらせることができないからです。また授業でさまざまな言葉や意味を知ることで、サーチエンジンに入れる言葉や生成ＡＩに入れるプロンプトが変わってきます。くわえて、学ぶ方法自体を学ぶことによって、次々と新しいことが出てくる変化の激しい社会に対応することができるようにしていきます。そのことで人工物に入力する語を変え、また場合によっては使う人工物を変えて対応することができます。必要に応じた認知空間を立ち上げていくには、きちんとした教育が必要です。

クリエイティブ・ラーニング・スパイラル

テクノロジーを介して創造性が発揮されることが増えていくならば、教育の現場でも、そのことを念頭において学びのサポートをしていく必要があります。そのことについて若干、述べておきます。

セカンド・オーダー・サイバネティクスの源流として、前に述べたユクスキュルの理論生物学とともに、スイスの心理学者ジャン・ピアジェの発達心理学があります。セカンド・オーダー・サイバネティクスの理論としては、エルンスト・フォン・グレーザーズフェルドのラディカル構成主義などに結びついていきました。

ピアジェは、人が環境をそのまま写し取るように学んでいるわけではなく、また発見するだけでなく、みずから知識を作り上げていくと捉えました。知識は、荷物の小包のように教師や親たちから子どもの頭に直接届けられるものではありません。コンピュータのデータ通信のようなものではありません。子どもはみずからの内側から能動的に知識を組み立てていきます。このような立場を構成主義（コンストラクティビズム）といいます。人は、みずからで認知を構成していくという考えかたです。

そのためピアジェは、教育においても外から教えられるものは少なく、子どもが環境と相互作用しながらみずからで学びを更新していくことを重んじるよう発言しました。アクティブ・ラーニングが唱えられるずいぶん前から、子どもの知識の量を増やすことばかりを目的とする詰め込み教育を否定していました。すでに出来上がった解答を教えたり、定められた手順によっていわれたとおりに手を動かす教育を否定していました。そして子ども自身が自分の教材をつくる実践を高く評価しました。

ピアジェの教えは大きな影響を及ぼしました。ここで取り上げたいのは、ピアジェのもとで若いころ、5年ほど共同研究を行って強い影響を受けたシーモア・パパートです。パパートは、アメリカの数学者・教育者で、ＭＩＴメディアラボで長らく活躍しました。ピアジェよりも「作る」ことに力を入れ、特にコンピュータを使って作ることに力を注ぎました。作る道具としてコンピュータを選んだということです。

パパートが開発したものとして有名なのはプログラミング言語のLOGOです。LOGOを使ってプログラムを書き、コンピュータ上のタートルに命令を与えて図形を描かせます。タートルが回転する角度を変えると、まったく違った動きになります。思い通りにならない場合も多々ありますが、その場合は自分で問題点をみつけてプログラムを修正することによって学びが深まります。「正方形」を描くにはどのようにすればよいか、「正八角形」を描くにはどうすればよいか、自分で書いて、結果をみて、また考えます。おかしければタートルの曲がる角度を変えたりしてプログラムを直し、いろいろ書いて遊ぶということです。

私自身のはじめてのプログラミング経験は、このLOGOを改良したものでした。正直いってとても面白く、友人たちと「あれ？　カメがどっかいった！」とかいいながら笑いつつ遊んでいました。コンピュータのプログラムにかぎらず、私たちは一度作ったものを修正しながらよくしていきます。この本の原稿も、書いては直し、書いては直しを繰り返しています。LOGOを使って、問題をみつけ直していくことで、よいものを作り込んでいく姿勢を身につけることができます。

このパパートの継承者というべき人がいます。ＭＩＴメディアラボのミッチェル・レズニックです。レズニックらのグループは、ビジュアルプログラミング言語スクラッチ(Scratch)を開発してオンラインコミュニティで共有できるようにしました。スクラッチは、カラフルで親しみやすいインターフェースで、オンラインコミュニティでコメントなどを受け取ることもできます。スクラッチのユーザ数は、どんどん増えています。

レズニックは、西暦２０００年までの過去１０００年間のうち、もっとも偉大な発明は幼稚園であるといっています（レズニックほか 2018）。火薬・羅針盤・活版印刷技術などではなく、フレードリヒ・フレーベルが編み出した幼稚園のスタイルこそがもっとも大きな発明であると述べています。フレーベルは、教員が教室の前に立って授業をして、子どもたちがそれをきちんとメモをとって理解しようとする従来の教育法と決別しました。おもちゃなどを使い、子どもたちが世界のモデルを作りながら打ち込んでいるとき、もっとも創造的思考が育まれると考えました。

フレーベルの幼稚園スタイルは、日本を含め多くの国で取り入れられました。レズニックは、この幼稚園スタイルを大いに称賛しました。そして5歳ほどの小さな子どもたちだけでなく、この幼稚園スタイルをすべての学習者に適用すべきだと考え、「ライフロング・キンダーガーテン」（生涯幼稚園）をキャッチフレーズにして活動しています。

レズニックは、幼稚園では、クリエイティブ・ラーニング・スパイラルが起きているといいました（図14）。発想→創作→遊び→共有→振り返り→発想→・・・のスパイラルです。ブロックで動物園を作ろうと「発想」し、実際にブロックを動かして「創作」します。いろいろに組みあわせて入園口を作ったりして「遊び」ます。友だちと一緒に動物園づくりを「共有」しながら、階段がうまくつかなければやり直したりして「振り返り」ます。また新たに「発想」して動物園を拡張していきます。このようなスパイラルは、幼稚園で毎日、何度も繰り返されています。

レズニックが勤めるMITメディアラボでも、幼稚園とは違った材料や機器を使いますが、同じクリエイティブ・ラーニング・スパイラルが動いているといいます。幼稚園でも大学のラボでも、創造的な学びのスパイラルがあります。

レズニックらは、創造的思考を育てる4つの基本原則をみいだしました。それは、4つのP——プロジェクト（Projects）、情熱（Passion）、仲間（Peers）、遊び（Play）——で表されています。プロジェクトに情熱を傾け、仲間とともに遊び心を忘れず取り組むということで

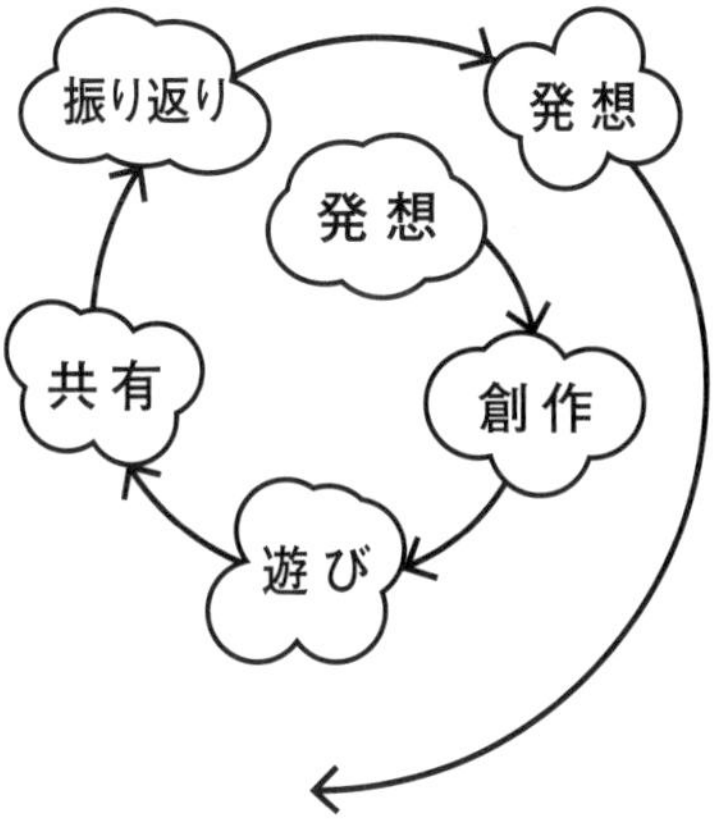

図14　クリエイティブ・ラーニング・スパイラル

す。スクラッチでは、自分が関心をもって熱心に取り組めるプロジェクトをみつけたり、新たにプロジェクトを作ることができます。またオンラインコミュニティがあるのでコメントを受け取ったり、失敗を怖がらずに遊ぶことができます。

レズニックらは、このようなクリエイティブ・ラーニング・スパイラルが発生する常設の場も作りました。コンピュータクラブハウスといいます。地域の低所得者の若者がテクノロジーを使いながら自分たちの興味のあることに取り組むことができる場です。30年ほど前に設立され、2024年現在で20カ国の148箇所に作られています。そこでは教師が勉強の目的や方法を決めるのではありません。コンピュータクラブハウスに来た人自身が、なにを作るか、どのように作るか、誰とつくるのかを決めます。スタッフやメンターは若者の手助けを行います。クリエイティブ・ラーニング（創造的な学び）の知見や実践は、ピアジェやパパート、レズニックおよび彼らを支えた人たちによって深められ、そして広がってきました。

こうした流れのなかで、私の勤める青山学院大学でもクリエイティブ・ラーニングをコンセプトとした活動を開始することになりました。学習者中心の学びの場づくりです。2023年4月に設置した青山学院大学革新技術と社会共創研究所 Aoyama Creative Learning Lab です。産官学協働事業として運営し、青山学院に加えGMOインターネットグループ、サイバーエージェント、KADOKAWA、渋谷区の参画を得ています。運営は、阿部和広・横川耕二・吉田葵・石原淳也の4名の教員が中心となりながら、またVR等のメディア文化を専門とする宮田和樹も加わったりしながら、いろいろな人が協力しています。私も運営メンバーの一人です。

Aoyama Creative Learning Lab は、青山学院のすべての人たちに創造的な学びを提供する場で、その場に集う人たちが、世代や分野の壁を取り払い Science、Technology、Engineering、Arts、Mathematics を融合したプロジェクトに取り組む機会を提供するた

図15　つくまなラボ（筆者撮影）

めに設けました。「つくることでまなぶ」をコンセプトとしているため、「青学つくまなラボ」（以下、つくまなラボ）という通称をつけました（図15）。

つくまなラボは、大学・大学院の学生だけでなく、青山学院の初等部・中等部・高等部の児童・生徒を対象にしており、教職員も一緒になって学べる場です。大学生や大学院生がメンターとして青山学院の幼稚園・初等部・中等部・高等部の子どもたちと関わることも想定しており、子どもたちだけでなく大学生や大学院生の学びにもなるような仕組みを構築しています。

上記の3社からの協賛金のおかげで機材も充実しています。レーザー加工機やCN

Cミリングマシン、UVプリンタ、電子刺しゅうミシン、3Dプリンタなどのデジタル工作機器があります。PCには、いろいろなソフトウェアを入れて2D・3D設計環境や、動画・音楽編集環境、プログラミング環境、DTP環境、刺しゅうデザイン環境をととのえています。工具も、木工用から軽金属用、裁縫道具などまでをそろえています。

いうまでもなく教育現場にコンピュータが取り入れられてから、すでに長い年月が経ちました。いろいろな場面に使われています。決まりきった答えのある問題に子どもたちや学生が答え、コンピュータによって正解率や回答のスピードを計測することも行われています。けれども、つくまなラボは、こういったクイズ大会のようなものは重視しておらず、子どもたちや学生を効率よく計測することも目的としていません。センサーで子どもの集中力を測ることや、半期で偏差値を上げることも目的としていません。つくまなラボは、学校の決められた授業時間にとどまらず、ずっとやり続けて、その人自身が夢中になってみずから変化していくような創造性を重視します。セミナーやワークショップも行いますが、それが活動の本筋ではありません。ラボの教員が作るものを指示するのではなく、ラボに来た人がなにを作るかから考え、そして実際に「つくることでまなぶ」ことによって、みずからでみずからを創造的に変えていく創造的な場をつくりたいと思っています。こういった場こそ、生成ＡＩ時代の創造性を伸ばすことにつながると考えています。

なおデジタル技術を使った学びの場に対しては、たまに「もっと本を読むべきだ」「もっと人とのコミュニケーションを重視すべきだ」「もっと体を動かすことが必要だ」などという批判に出くわすことがあります。本を読むことは大切ですし、人とコミュニケーションすることも大切です。体を動かすことも大切です。私自身、それらについて全面的に賛成します。しかしこれらと同様に、これからの社会を考えると、デジタル技術を使ってさまざまなモノ・コトを作ることも少なからず重要なのです。青山学院にかぎっていえば、本は図書館に大量にありますし、人とのコミュニケーションを重視する授業も多くあります。また、体育館やジムもあり、園児はニワトリを追いかけて園庭を走り回っています。決して本や対面コミュニケーション、運動を軽く見ているわけではありません。

創造性をもたらす社会の仕組み

ここからは、観察レベルをより大きくとって、社会のレベルを視野に収めていきます。第２章で述べたようにそれぞれの人の唯一性が創造性の源泉です。また、ここまでの第３

章で述べたように、私たちはテクノロジーを使いながら認知を拡大してモノ・コトを作っています。ただし創造性を論じるとき、それだけで議論が完結するわけではありません。社会のレベルをも視野に収めた研究として有名なものは、フロー理論で知られているチクセントミハイが提案したシステムズ・モデルです（図16）。これ以外の研究でも、前に述べた4PのPress（文化、社会、群衆、ほかの人々）のように社会的要素を含めて創造性を考えることはしばしば行われてきました。しかし、もっとも正面から創造性の社会のレベルを扱ったのがこのシステムズ・モデルといえるでしょう。システムズ・モデルは、「ドメイン」（領域）、「フィールド」（分野の場）、「人」という3つの要素の協同的な相互作用によって創造性が成立するとしています（チクセントミハイ 2016）。

1番目の「ドメイン」は、「記号体系の諸規則や手続きのまとまり」（チクセントミハイ 2016：31）からなります。文化に組み込まれており音楽や宗教、法体系など多様です。学問でいうと数学、物理学、心理学、経済学、経営学、社会学などです。さらに細かい学問の区分もドメインにあたるでしょう。

2番目の「フィールド」は、実践共同体であり門番（ゲートキーパー）としての役割のことです。さきほどのドメインに新しい考えや成果を加えるべきか否かを決定するところで

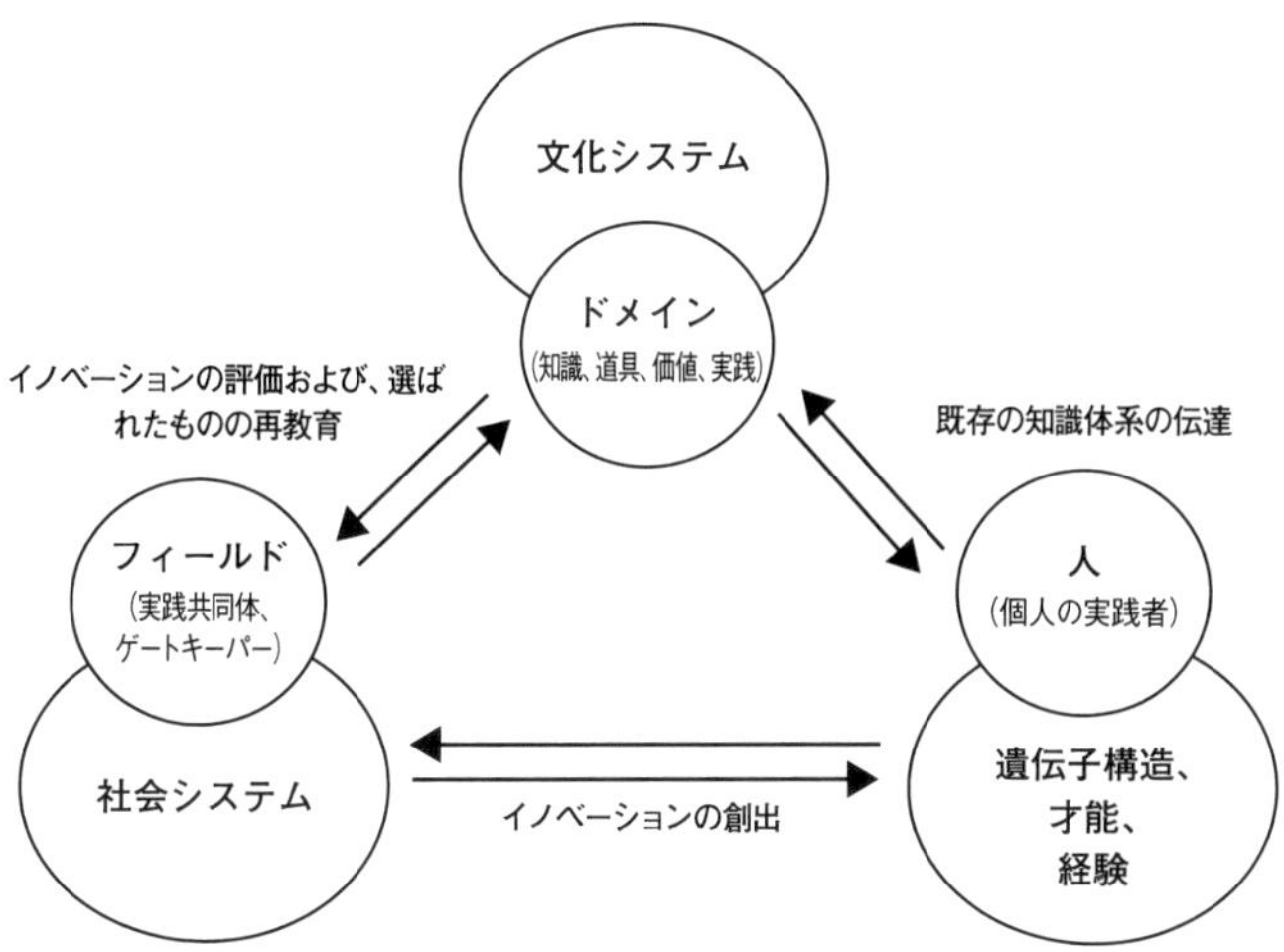

図 16　創造性のシステムズ・モデル（Stierand et al. 2009）

す。たとえば美術であれば、批評家、美術品収集家、学芸員、文化事業の財団や政府の審査員の役割といえます。学問でいうと学術論文の査読や学会の賞の審査などがこれにあたるでしょうし、会社組織でいうとゲートキーパーズである経営層や上司や人事の役割がこれにあたるでしょう。ゲートキーパーズに認められてはじめて新しいものがドメインに追加されます。ゲートキーパーズの役割はとても重要です。ゲートキーパーズがしっかりしていないと、ドメインが混乱します。またゲートキーパーズが信頼されていないと、自分あるいは評価されるべき人がきちんと評価されていないと感じて人々の不満がたまってしまいます。

3番目の「人」は個人の実践者です。創造性の研究は、一般的に個人の功績を過大に評価しすぎです。けれども、まったく無視することもできません。個人の貢献なくしては斬新なものは生まれませんし、誰もが同じ創造性を発揮するわけではないからです。しばしば子どもの創造性に驚かされることがあります。大胆な構図で紙からはみ出すような勢いで絵が描かれたり、棒切れがさまざまなおもちゃに次々と変化したりしていきます。こうした創造性のすごさは、この「人」にあたり、ドメインやフィールドを考えず、ただ純粋に興味があるままに、気持ちのおもむくままに行うことにあります。

システムズ・モデルの特徴は、なんといっても、これら3要素の相互作用に着目したことです。アイデアを大量に出す拡散的思考だけに注目するのでは、フィールドが抜けていますしドメインへの組み込まれ方も扱えません。

人だけに着目すると、創造性について説明できないことが多く出てきます。たとえばJ・S・バッハやグレゴール・メンデル、フィンセント・ファン・ゴッホは、生きていたときよりも死後に評価が高まり、ビッグCをもつ人物として知られています。たとえばメンデルは、1865年に遺伝の法則を発表しましたが、評価されないまま1884年に亡くなりました。その遺伝の法則が認められたのは１９００年になってからです。この例にかぎらず、社会の動向によって、ある人の業績に対する評価が変わることはよくあります。

アリストテレスの哲学も、ヨーロッパでは長らく忘れられていたのが中世になって再発見され、キリスト教と合わさることで高い評価を得て影響力をもつにいたりました。アリストテレスの哲学における目的論的な世界観がキリスト教の教義を補いました。アリストテレスの哲学によると、たとえば火が上を向くのはそれが火の目的であるからであり、キリスト教からすると、そうした目的のすべてを作ったのが神であると解釈できました。

記号学の創始者であるフェルディナン・ド・ソシュールも、記号論の創始者であるチャールズ・サンダース・パースも高く評価されたのは亡くなった後でした。もちろん逆に、生きているときは高く評価されていたものの、死後に評価が下がり忘れられた人もいます。

また人だけをみていては、ルネサンス期の１４００年から１４２５年にかけてフィレンツェであれほど集中的に芸術が花開いた理由も説明できません。チクセントミハイは、ドメインとして古代ローマの建築や彫刻の知識がもたらされたことを挙げ、そのことによってフィレンツェの大聖堂のドームを作ることができたと述べています。また、フィールドとしてフィレンツェの銀行家や聖職者、ギルドの親方などが芸術家にお金を出したことにくわえ、芸術家の選定や作品の評価に積極的に関わり支援したことを挙げています。ドメインとフィールドの適切な連携がなければ、たとえ優秀な個人の芸術家がいたとしても、すぐれたドームや門、彫像、絵画は生まれなかったでしょう。

チクセントミハイは、ドメインやフィールドを個人が内面化することにも目を向けています。ドメインの基礎知識がないと、事実上新しいことを行いにくいといえます。これまで膨大に積み重ねられてきた知識をまったく学ばずに、自然科学に新しい知見をつけ加えることは難しいでしょうし、孤島で一度も西洋音楽を聴かずに育った人が急に交響曲を作ることも難しいでしょう。ドメインに関する知識がなければ、何が欠けているのかわからず、新しいアイデアやプロダクトは生み出しにくいといえます。

研究でいえば、先行研究（これまでの研究）を知らなければ、なにがなされていないかがわかりません。守破離でいえば「守」であり、「型」がわからなければ「型破り」はできず、単なる「型なし」となってしまいます。伝統芸能の型や、黄金比、ハリウッド的なストーリーなど、いろいろなドメインに型はあります。創造には、それまでの知的な遺産の継承といった側面があり、それを成し遂げるには領域に関する知識が必要とされます。またフィールドが用いる判断基準を個人が内面化しなければ、浮かんでくるアイデアの良し悪しを見わけることができず、くだらないものを捨てて、よいものを発展させることができません。

フィールドの判断基準がわからずどのように評価されるのかがわからないならば、人は戸惑ってしまいます。たとえば、ＡＩの発展により音声認識技術の精度が上がったおかげで、人は、気づいたことをすぐさま声で入力できるようになっています。組織の中でアイデアを募ったり問題点を吸い上げたりするためには、とても重要なことです。けれども、どのようにその意見が評価されるのか見通しがつかなければ、怖くて入力できないでしょう。ゲートキーパーズへの信頼がないと、誰も吹き込みませんし、誰も創造性を発揮しようとしません。ただし人が社会的知識を取り込みながら型を身につけ判断基準を念頭において活動すると、それがリトルＣやプロＣにつながっていきます。

もちろんドメインとフィールドは、個々の人に対して拘束的に働くことにもなるため、人によっては抑圧に感じたり、そこに適応しなければならないというように強迫観念にとらわれてしまったりすることもあります。子どもと同様、大人になっても個人的な創造性はありますが、純粋に突き詰めるのが難しくなります。ドメインやフィールドを考慮することを余儀なくされるからです。せっかく個人的創造性を発揮しても、ドメインとフィールドの力により、それが評価されずに終わるといったことが起こります。
それでは次に、このシステムズ・モデルをセカンド・オーダー・サイバネティクスの視点から検討してみましょう。

社会—技術システム

セカンド・オーダー・サイバネティクスは社会の領域にも応用されています。社会は、個人の観察・記述をもとにしたコミュニケーションが連鎖することによって成立します。個人は、コミュニケーションの素材を作り出しますが、コミュニケーションそのものではありません。そのため社会は、個々人から離れて存在しているといってよいでしょう。

いうまでもなく現代社会では、技術が媒介しながら社会と技術が緊密に連動してコミュニケーションが連鎖しています。EメールやSNS、LINE、Slack、Zoomなどを使ってコミュニケーションすることを考えてみればイメージしやすいでしょう。対面で話していても、記憶違いや見落としがあってはいけないので、後からEメールで同じ内容を送ってくれといわれることもあります。コミュニケーションのもとである文字や絵、音、身ぶ

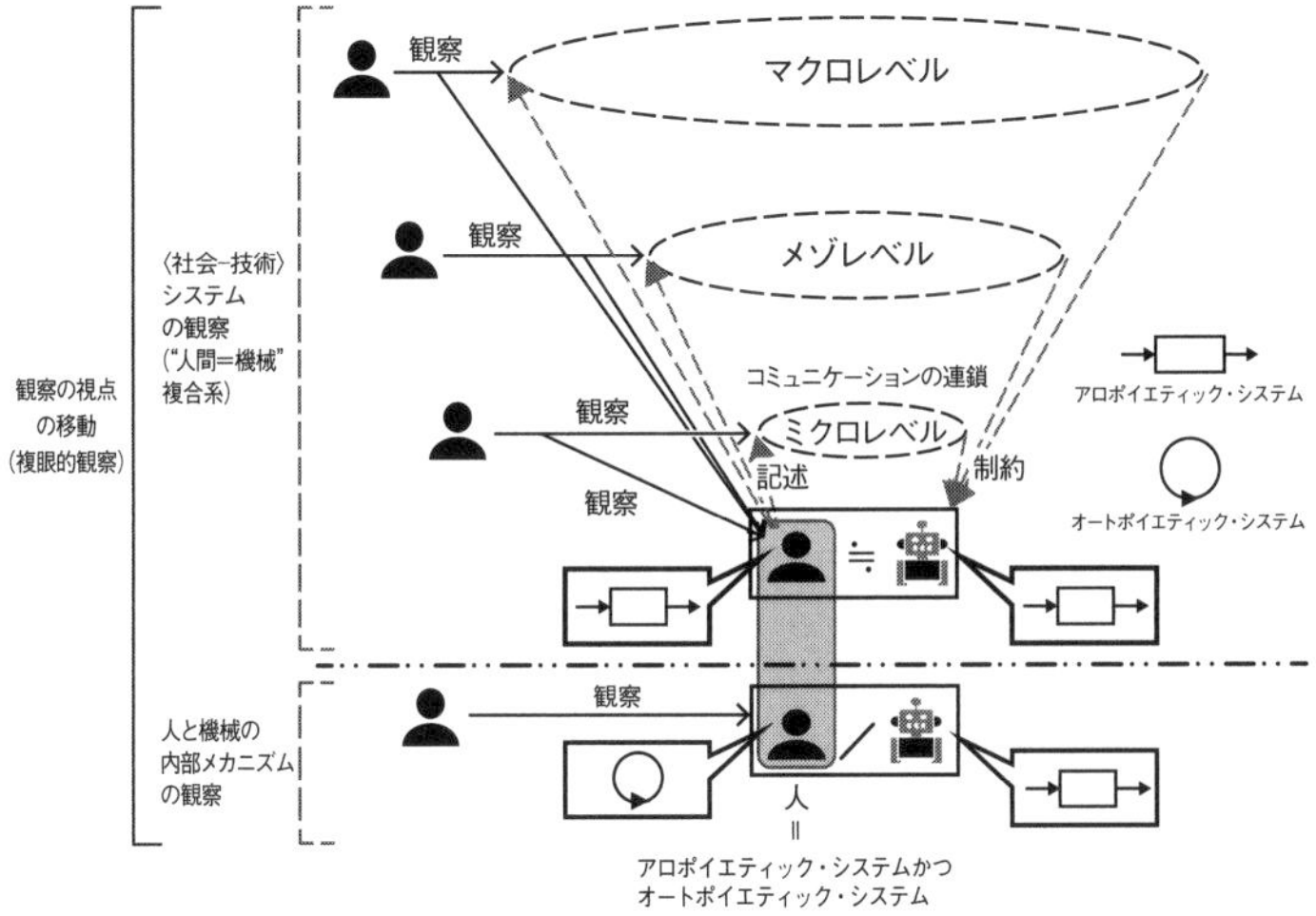

図 17　多元的な観察レベル（筆者作成）

りなどがデジタル・テクノロジーに取り込まれながら、コミュニケーションが連鎖しています。一度も対面で会ったことがないにもかかわらず一緒に仕事をしたり、ネットで同じ趣味の人と長時間話したりすることも増えてきました。対面で会うことは稀で、いつもはネットで連絡をとりあっていることも多いでしょう。本書ではこのようなシステムを「社会—技術システム」と呼んでいきます。

社会—技術システムは規模もさまざまです。家族や友人関係、チームのような小規模なタイプから、課や部が集まった会社のような中規模なもの、国家や業界、多国間関係のような大規模なものまでさまざまです。ここでは便宜的にミクロレベル／メゾレベル／マクロレベルにわけて話を進めます（図17）。[2] このレベル分けは、相互に排他的なものではなく連続的であり重なりあったり影響を及ぼしあったりしていることも多くあります。

まずミクロレベルは、規模が小さく、一人の人とその周りのテクノロジーとの関係をまとまりとして捉えたレベルを含みます。厳密にいえば、一人の人とテクノロジーとの関係を対象にする場合は、社会—技術システムといいがたい面はあるのですが、あまり複雑すぎてもいけないので、この本ではミクロレベルに入れておきます。

前に述べたプラトンの『パイドロス』の話であれば、一人ひとりが内から思い出す必要はなく、文字をみて思い出し文字とともに考えることを捉えるレベルといえます。私たちは、紙に書いて計算をしたり論点を整理したりすることで、ようやく物事が理解できることがあります。コンピュータを使って分析することで、ようやく大量のデータから意味をみいだします。あるいは、人と会話していて、ふと意味が理解できることがあります。大学では、かなり難しい本や論文を読みます。このとき、一人では理解できないのに何人かで読むと難解な文献を理解できることがあります。このように一人の人だけでは難しいけれども、紙やコンピュータ、あるいは他者と一体になって考えるとわかることがあります。社会—技術システムのミクロレベルは、一人の人ではなく、人と環境とが一体となって考えているとみなすレベルです。

メゾレベルは、やや規模が大きくなり、企業などの公式的な組織にあたります。大小さまざまな組織がありますが、複数の人がオンラインビデオ会議システムやチャットツールなどのテクノロジーを使いながら、コミュニケーションし決定していきます。

マクロレベルは、多数の組織が合わさって形成される業界や、国境を越える国際的なコミュニケーションにあたります。一組織だけで決定できず組織横断的なガバナンスが求められる規模です。どれほど巨大な企業であってもその会社だけでテクノロジーの動向をすべてコントロールできるわけではありません。多様なテクノロジーが多様な規格に合わせて設計されながら、互いに連動してデータが処理されています。なお規制は、問題解決のために企業同士が自主的に連携する「自主規制」、政府や法律などによって従うべきルールが定められる「直接規制」、自主規制と直接規制の組み合わせで問題を解決する「共同規制」にわかれますが、これらはすべてマクロレベルに位置します。

この社会—技術システムでは、どのレベルであっても、人やテクノロジーはいずれも情報の入力―変換―出力という関係で捉えられます。ミクロレベルでいえば人も、その個体に閉じられているわけではなく、どのようなテクノロジーを使うかによって仕事の量や質が変わります。人は、ヒューマンインターフェースに沿って入力を行い、それが機械で処理されて出力されます。人は、出力結果をみて、また入力を行います。この観察レベルでは、人は一種の入力―変換―出力の装置といえます。ミクロレベルの社会―技術システムそれ自体がまるで考えているかのようにみえ、そこに関わっている人や機械は社会―技術システムが動くための装置のように捉えられます。

これは、メゾレベルの公式組織でも同様です。コミュニケーションが連鎖して公式組織が動くように人やマシンが介在します。たとえばオンライン会議システムにて、発言の順番が来たらミュート機能を解除し、役割にあった発言を行ってうまく会議が進むようにする場面がわかりやすいでしょう。人は、ほかの人の音声を聞き（入力）、その発言を自分のなかで解釈し（変換）、発言を行います（出力）。マシンも、ミュート解除のボタンが押されると（入力）、「ミュート解除ボタンのクリック→マイクをオン」という条件の処理を行い（変換）、マイクで拾った音を伝送します（出力）。人もマシンも、社会―技術システムが動くように支えています。

もっとも大きなマクロレベルは、もっと多くの人やマシンが関わり、メゾレベルの公式組織ですらコミュニケーションを支える装置と化します。人やマシンは、情報の結節点にすぎず、それらの結節点を跨ぎながら情報が行き交います。スマートシティの取り組みでは、ほかのセンサーと同様に、人もセンサーであるとみなして市民センサーという言葉も使われています（田代・飾森 2017）。グローバル企業のように公式組織のレベルでもグローバルな規模になっていることも多いのですが、マクロレベルではグローバルな規模になることがより多いといえるでしょう。

レベルごとの創造性支援

それぞれのレベルによって創造性をうながす方法は異なります。ミクロレベルでは、自分に合った作業環境をととのえることがあるでしょう。仕事場のつくりかたは人によって大きく異なります（ランビュール 1979）。机や椅子、照明だけでなく、ディスプレイやキーボード、マウスといったハードウェアに加え、きちんとソフトウェア環境をととのえることも重要です。

生成ＡＩも支援になるでしょう。生成ＡＩを使うことで大量の生成物を作ることができます。生成ＡＩは、強力な結合的創造性があり瞬時に多様なコンテンツを出します。「〝とんぼ〟〝ぞう〟〝にわとり〟を組みあわせた遊具を提案して」「社会人向けの講座のタイトル案を10個挙げて」などと打つと、すぐさま案が出てきます。拡散的思考をサポートするといえるでしょう。

それだけではありません。生成ＡＩから出てきた案を生成ＡＩに評価させることもできます。トージン・イーペンらは、フードロスを最大限に減らすイノベーションの３アイデアを生成ＡＩに評価させています（イーペンほか 2023）。それぞれのアイデアのメリットとデメリットを挙げさせ、さらには新規性・実現性・具体性・インパクト・運用性などの点からの評価も行わせています。すなわち生成ＡＩは、収束的思考もサポートします。

メゾレベルでは、組織で蓄積された知へのアクセスをしやすくしたり改善案を出しやすくしたりすることが欠かせません。大企業では、19世紀後半以降、タイプライターを使い文書を作成するスピードを上げ、またバーチカル・ファイリングを使って知の蓄積とアクセスを簡単にしていきました。大学であれば、授業を柱としつつも図書館の蔵書やデータベースをととのえてきました。

知の蓄積とアクセスの面だけではなく、変化をうながすように組織の意思決定の基準を作ることも重要です。大企業に勤める人たちと話をしたとき、実質的に決まりきったことしか奨励されておらず、学習の機会があったとしてもそれを発揮するチャンスがないということを何度か耳にしました。間違いのないように・トラブルのないように仕事をするだけでは創造性の発揮は厳しいでしょう。大学であれば、教科書のような内容を基礎としながらも、より多くの時間を問題の調査や独自の調べもの、ディスカッションに割り当てるべきです。あるいはつくまなラボのようにコーチングの人を配置することも重要です。

メゾレベルでも、生成ＡＩにより顧客のニーズにあったアイデアをすばやく出すことでブレインストーミングがやりやすくなるでしょう。商品のアイデアを互いに出すときに、生成ＡＩを使ってさらに案を出していくのです。ブレインストーミング後の検討の段階では、ミクロレベルと同様、アイデアの絞り込みにも使えます。ただし先ほど述べたように創造性をうながす基準や仕組みがなければ、いくら生成ＡＩを使ってもアイデアは出てきません。生成ＡＩの出力は、ただ社員がもっているスクリーンに表示されるだけで、誰もそれをもとに積極的に発言したり行動したりしないからです。技術だけでなく創造性をうながす基準や仕組みが必要です。

マクロレベルでは、政府がスーパーコンピュータのような豊富な計算資源を用意したり、創造性を支援する事業を行うことがあります。これまでの歴史をみると、同時代で同じような発見が相次いでいます。微分法や進化論、エネルギー保存の法則をはじめ、小数や対数、太陽の黒点、酸素などはほぼ同時期に別々の人によって発見されました。同時期に同じような発見が行われるのには、そうした発見を導くのに必要とする科学的知識や技術が社会のなかで蓄積・醸成されていたこともかかわっています。

過去の知識から学ぶ方法は、いくつかありますが、論文や本を読むこともあるでしょう。日本では大学図書館を中心として1000以上の図書館が協力して大きなデータベースを作り、どこにどの本があるかをみつけやすくしています。あるいは学術雑誌の購読料の値段がかなり上がってしまっていることに対抗して、誰でも読めるようにオープンアクセスの論文を増やそうとしたり、500館以上が参加して大学図書館コンソーシアム連合（JUSTICE）を作り、団体交渉を行い電子ジャーナルの安定的かつ継続的な提供を試みています。

ＡＩによる実装でいうと、青山学院大学革新技術と社会共創研究所ではメンバーの野末俊比古が富士通Ｊａｐａｎとの共同研究により、ＡＩを使った文献探索システムを構築しました。横浜市立図書館や沖縄県立図書館などで導入されています。なにを調べるべき

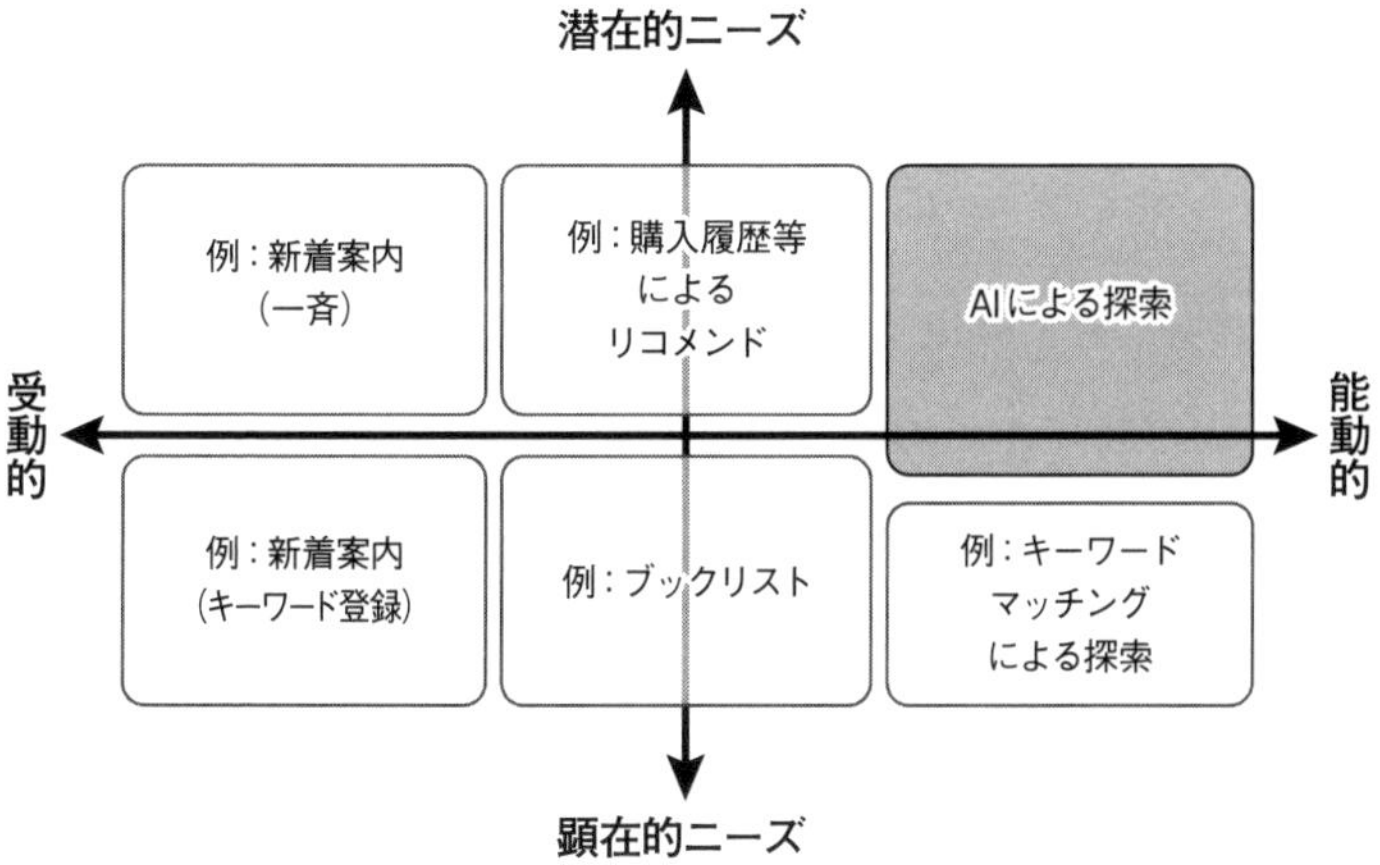

図18　AIを用いた対話的な文献探索の位置づけ（野末ほか2023）

かははっきりしないものの文献を探索しようと思っている人に対して、AIが支援を行うタイプの文献探索システムです（野末ほか2023）。図18の右上をターゲットにしています。

マクロレベルでは、ミクロレベルやメゾレベルで生成AIによりコンテンツ量が増えると、それらが集まり流通していくでしょう。歓迎される面がある一方、「第5章　生成AIの倫理」で触れるような問題が大きくせりだしてきています。

ここでは、第5章で指摘していない点として不特定多数の人から大量の応募があることでうまく審査ができなくなる事例を挙げておきます。2023年2月、アメリカのオンラインSF雑誌Clarkesworld Magazineは、小説の応募数が昨年同時期に比べて35倍ほどに達し、受付を一時的に終了しました（Barr 2023）。人がきちんと読んで評価する量をはるかに超えてしまっていたからです。なお生成AIの作品かを見わける技術はそれほど精度が高くありませんので使えません。

従来の応募とは別に、生成AI作品を分けて募集することも考えられます。ただし生成AI作品かどうかを見わけられない以上、応募者が自分で作ったと言い張れば従来の部門に応募できてしまうでしょう。第5章でも扱う僭称が起きます。審査（チクセントミハイのいうフィールド）は、今後かなり難しくなるでしょう。

個人の唯一性と代替性

この第3章を締めくくるにあたって、社会—技術システムと個人との関係について述べておきます。

図19は、前の図17の下の部分を取り上げ、その一部を変えた図です。観察レベルによって立ち現れるシステムが変化する様子を描いています。

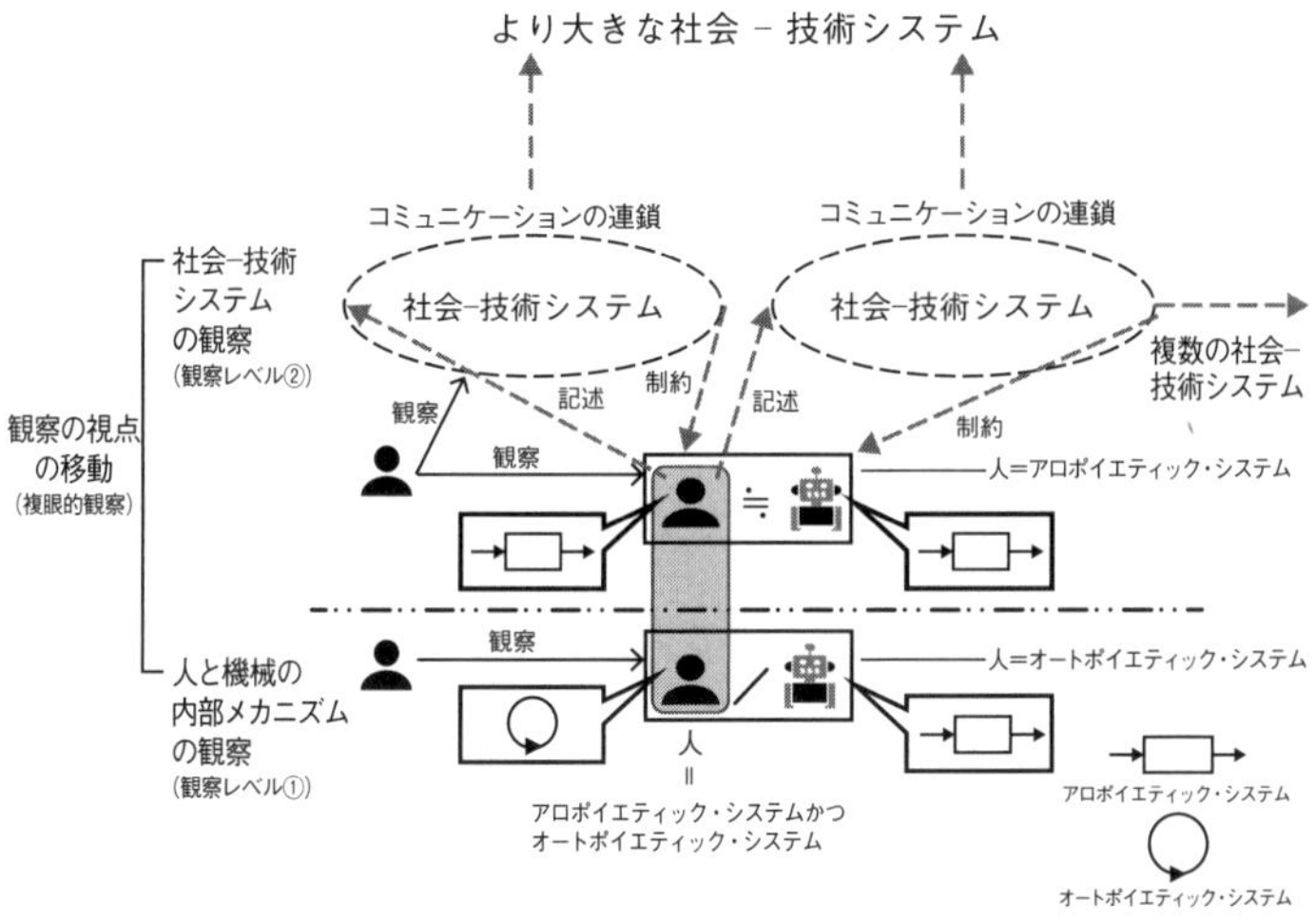

図 19　観察の視点と人の二重性（筆者作成）

人の内面をみつめようと観察すると（観察レベル①）、一人称的な内側からの視点が現れ、その内側からの視点は内部のオートポイエーシスから湧き上がってくることが見て取れます。人は、みずからをおのずから作り出すプロセスのなかで持続的に形成され唯一無二になっていきます。一人ひとりは固有の一人称的な生を生きており、他の人に置き換えることはできません。それがゆえ、他者を尊重することで社会全体としてみたときに多くの声（多様性）のある空間が生じます。

それに対して社会―技術システムの観察レベルからすると（観察レベル②）、

人はそのシステムに組み込まれて入力―変換―出力する装置、つまりアロポイエティック・システムのように現れます。このレベルにおいては人と機械との違いはなくなります。このように考えると人は、オートポイエティック・システムとアロポイエティック・システムが合わさった二重体であり、観察レベルによって違う様相を帯びることがわかります。

気をつけなければならないのは、社会のなかでの人の振る舞いだけに注目すると、人は単なる入れ替え可能な存在であるかのように思ってしまうことがあるということです。人は、会社や学校などの社会のなかで、社長・部長、教員・学生など、社会的立場の役割をもって行動します。こういったことから人を捉えるとき、それぞれの人はほかの人々と交換可能にみえます。むしろ中規模以上の組織では、個人を交換可能であるようにしていきます。ある人にだけタスクを任せてほかの人がタスクを把握できなくなるような属人化を避け、その人がいなくとも仕事が回るように業務を管理します。そして、担当者が入れ替わっても滞りなく同じような業務が行えるように組織設計を行います。たとえば大型のチェーン店のレジ係は、人が入れ替わっても商品が売れさえすれば問題ありません。つまり、それは人である必要すらなく、支払いという仕組みさえ成立すればいいわけです。

一般的に規模が小さい場合は、つまりミクロなレベルであれば、家族や親友との関係のように互いにかけがえのない個人であるという感覚が生まれ、個々の人の存在感が大きくなります。一方で規模が大きくなればなるほど、「かけがえのない個人」といった感覚が薄らいでいき、個人が交換可能な存在にみえていきます。グローバル経済のレベルでみると、そのような側面はさらに強くなります。

しかし観察の視点を移動して、個人の内面をみつめる位置から観察すれば、教員・学生、社長・部長といった社会的役割からはみ出て、その人の唯一性がみえてきます。人は、単に入れ替え可能なだけではなく、入れ替えできない面も同時にあわせもっています。

チクセントミハイは、ビッグCを念頭においてシステムズ・モデルを作りました。システムズ・モデルを素朴に理解してしまうと、ドメイン・フィールド・人の3要素の相互作用ばかりに目がいき、こうした個人の唯一性が創造の源泉になっていることを見逃してしまうでしょう。

くわえて強調すべきなのは、社会―技術システムのありかたが個人を拘束することです（西垣 2008）。チクセントミハイは、ドメインやフィールドと個人との関係を対等にみていました。しかし社会―技術システムでの評価基準は、個人の行動を縛ります。その評価基準に合わないコンテンツを作ったとしても、掲載されなかったり叱責されたりします。

社会─技術システムの文化が新しいモノ・コトを作ることに向かっていると、人は新しいことをしやすいでしょう。対照的に、すでに決まったことをミスなく行うことばかりを重視し、小さいミスをとがめるような文化では、人は新しいことを行いにくくなります。そのため社会─技術システムをいかに作り上げていくかは、とても重要です。たった一人で、メゾレベル以上の社会─技術システムを変化させるのは、そう簡単なことではありません。多くのステークホルダーで前もって議論しつつ、社会─技術システムを作り上げていかなければなりません。ミクロレベルからもメゾレベルやマクロレベルからも、さまざまな拘束が多層的に個人に覆い被さってきます。創造性を損なわせるウィークポイントがあるなら、そのウィークポイントの改善をしていくことが必要でしょう。人の創造性は、ラディカル・クリエイティビティおよびダブル・クリエイティビティと、この第3章で述べた社会─技術システムの側面とが重なりあったところにあります。

ここまで創造性について取り上げてきましたが、単に創造性を発揮するだけでは十分とはいえません。創造性には、非倫理的なモノ・コトを新しく生み出す、いわばダークサイドがあるため、倫理を合わせて考えなければなりません。社会の問題を発見・解決するために倫理的に創造性を発揮することが求められます。第4章以降では、社会─技術システムの設計に倫理を埋め込むことについて話を進めていきます。

注

1 robot icon by Rudez Studio（the license is Attribution 3.0 Unported（CC BY 3.0））. このアイコンは、ほかの図でも使用しています。

2 ここでは便宜的に規模の大小で話を進めますが、コミュニケーションが扱う内容を含めて考えると、少人数の会話でも地球規模の話題をしたり、大人数でも細かい事務的なことについて話しあったりするので、厳密には規模の大小は定めにくいといえます。

第４章　AI倫理の構築

テクノロジーの社会的構築

テクノロジーは、完全に中立的な存在ではなく、影響の強弱はあるにせよ、なんらかの方向に人々の行動を導きます。けれども、そのテクノロジーを作っているのは人や組織であって、人や組織がテクノロジーのありかたを決めます。それだけではなくテクノロジーは、生活者（消費者）によっても組みかえられていきます。つまりテクノロジーと個人・社会とには、互いに影響を与えあう双方向性があります（図20）。したがって技術倫理を含む技術社会の問題は、その名前に表れているとおり、技術的課題であると同時に社会的課題でもあるのです。

技術が社会的に形成されてきた例をいくつか挙げましょう。たとえば、昔はフォークがなかったので、食事のときは手やナイフ1本だけで肉などを食べていました（ペトロスキー 1995）。ナイフを2本使って食べる時期もありました。しかし、ナイフだけで肉を皿に押さえつけるには力が必要で、かつナイフに突き刺した肉を口に運ぼうとすると、ナイフの先のまわりで肉が回転してしまいます。そのために開発されたのがフォークです。フォークの歯は、最初はたった2本でしたが、それではえんどう豆などの小さい食べ物をうまく

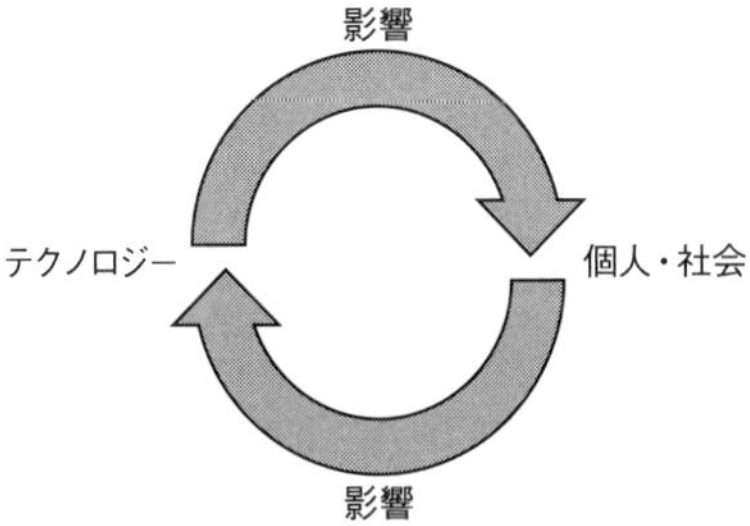

図20　テクノロジーと個人・社会との相互作用（筆者作成）

すくえなかったため、歯の数が３本、４本と増えていきました。このように食器も日々の実践により変化してきています。

ほかの技術もそうです。初期の電話は、必ずしも個人間の通話に使われていたわけではなく、音楽や演劇などの娯楽を多くの人たちに伝えるマスメディアの役割を担っていました。逆にラジオは、聞くだけでなく一般の人たちも無線で発信ができました。あるいは初期の自転車には、ペニー・ファージング（図21）という前輪が大きく後輪が小さいタイプがありましたが、安定性に欠け、乗り心地が悪く、女性や子ども、高齢者からは避けられて衰退しました。代わりに、いまの前輪と後輪が同じ大きさの自転車が普及しました。このほかテレビやインターネットも、社会とともに大きく変わってきました。

技術は、そこに「ある」というよりも、社会的に作られ、

図21　ペニー・ファージング　pubic domain

日々の生活や仕事における細かな選択や使い方次第で変化していきます。開発者や運営者に比べるとわずかかもしれませんが、消費者もプロデュースしているのです。

人は、技術と一体になって社会のありかたを知りモノ・コトを作り生活していきますので、技術がどのようにあるかはとても大切なことです。したがって「技術の倫理はどのようにあるべきなのか」「技術をどのように開発・運営・利用して倫理を築き上げるのか」はとても重要です。いかにしてテクノロジーを個人や社会にとって望ましいものに変えていくか、テクノロジーが組み込まれた社会をいかに倫理的に設計していくかを真剣に考えていかなければなりません。開発者だけの問題ではないのです。

図20でいいますと、個人・社会からテクノロジーに向かっている矢印、つまりメディア（テクノロジー）の社会構築主義的側面の力を強めて、望ましい方向にテクノロジーを変えていく必要があります。テクノロジーの影響が強まっているからこそ、テクノロジーの構築に積極的に関与しなければなりません。

責任ある研究・イノベーション

最近では、人類の及ぼす影響が大きく、科学技術を介して深刻な問題がもたらされることから「責任ある研究・イノベーション」（Responsible Research and Innovation）が要請されています。責任ある研究・イノベーションとは、新しい技術の仕様が固まり、社会に出す直前になって社会的な問題点を考えるのではなく、研究計画の最初の段階から社会への影響を先んじて考え、ステークホルダーと対話しながら社会をよくするための技術にしていくことをいいます。

責任ある研究・イノベーションという言葉自体は、２０００年代以降によく使われ始めましたが、１９７０年代からのテクノロジー・アセスメント、あるいは１９９０年代からのＥＬＳＩ（Ethical, Legal and Social Issues）もしくはＥＬＳＡ（Ethical, Legal and Social Aspects）などが合わさって、現在の責任ある研究・イノベーションにつながっています。

こうした動きの前にも、原子爆弾をめぐるきわめて大きな問題がありました。いまだに「好きに開発させろ」「面白ければよいだろう」「話題になればよいだろう」という人は多くいますが、それでは話が通用しません。

責任（responsibility）は、過去に向けられる側面と、未来に向けられる側面があります。トラブルが生じた後、その問題が起きた原因を探り、いかにしてそのような問題が生じたかの理由を問うのが過去に向けられた側面です。一方で将来のリスクを減らし、よりよくしていこうというのが未来に向けられた側面です。責任ある研究・イノベーションは、どちらかというと未来に向けた責任といった側面が強いといえます。

最近は、人類が地球に及ぼした影響があまりにも大きくなっており、地質学的にもそれ以前の時代（完新世）と線引きしたほうがよいのではないかと考えられはじめています。人新世（アントロポセン）という言葉を耳にした人も多いでしょう。人新世は、人類の時代という意味で、人類の活動が、かつての小惑星の衝突や火山の大噴火に匹敵するような地質学的な変化を地球に刻み込んでいることを表す造語です。１９５０年代以降、人類が地球に与える影響が急激に増しました。GDPやエネルギー消費、水の消費、紙の生産などが大きく増え、大気中の二酸化炭素やメタンの濃度が上がり、地表の気温も上がって熱帯雨林の消失面積も増えました。このことを大加速（グレート・アクセラレーション）と呼びます（Steffen et al. 2015）。

気候変動をとってみても、すさまじさを感じます。気温がどんどん上がり、夏の暑さは耐えがたく倒れそうになります。私自身、自律神経がおかしくなって苦しんだこともありました。すべてのことを海外の大学にあわせる必要はないでしょうが、気候のことだけを考えると、授業期間の休みは6月から8月にしてほしいと思うほどです。雨にしても、数日のうちに従来の1年間の雨量に匹敵する量が降り、ダムや堤防の決壊も起きています。次々と異常気象が起き、異常であることが通常になってきました。気候変動だけでなく、プラスティックや化学物質による汚染、合成生物学の誕生、大都市化なども起きています。そして、そこには科学技術が強く関わっています。

技術倫理

地球環境問題だけでなく、技術はさまざまな倫理的問題を引き起こしてきました。たとえば技術は、一部の人を排除することがあります。印刷された本は、同じ本が大量に生産されるため、正確に知識を社会に伝達・蓄積していくのに適しています。しかし目の不自由な人は、そのままでは本が読めません。点字や朗読に頼らなければ、あるいはデジタル化して自動音声で読み上げなければ、本の内容を知ることが難しいのです。

電話もそうです。電話が社会のなかで普及することで、耳の不自由な人は困りました。職場で電話が鳴っても対応できないので就職しづらかったのです。技術は、人々の可能性を広げる一方で、ときに人々の行動を制限するということにも目を向けなければなりません。

コンピュータ技術も、人を排除する側面があります。ウェブサイトでは、かつて視覚障害者や手足の不自由な人にとって使いづらいページが多くありました。そこでガイドラインが作られました。画像にキャプションをつけて人工音声で読み上げるようにしたり、色のコントラスト比を上げたり、キーボードのみで操作できるようにしたりすることが求められました。色のコントラスト比が低ければ、色覚に問題のある人はうまくテキストが読み取れません。そのため4・5：1以上のコントラスト比が求められました。ウェブサイトだけでなく、Windows や MacOS、iOS、Android などのOSでも、文字を大きく太くしたり画面の色を反転させたりする機能がついています。それぞれの人に合わせて表示が変えられます。

情報倫理のテーマの一つとしては、多様な人の多様なニーズに合わせて多様な情報をみつけられることがあります。

AI倫理

情報倫理のなかでも、2010年代以降はAIの高度化と普及の勢いがすさまじく、AI倫理が強く求められるようになってきました。AI倫理とは、一言でいうとAIが普及した社会の秩序を考えていくということです。どのようにしたらよい社会、よいビジネス、よい暮らしにつながるのか、そうしたことをともに追求するプロセスともいえます。

これまでのコンピュータ・プログラミングが演繹的にルールをすべて書いて作られてい

たのに対して、2010年代以降のAIは、データをもとに帰納的に対象の特徴量を抽出して動きます。これによりソフトウェアの作り方が大きく変わりました。ソフトウェア1・0からソフトウェア2・0になったといわれ、新しいソフトウェア工学（機械学習工学、AIソフトウェア工学）が構築されてきています。従来のソフトウェアでは扱えなかった対象でも扱えるようになった反面、きわめて制御が難しく、制御し続けるには膨大な労力を割かなければなりません。技術的な解決策だけでなく、AI倫理を含めた社会—技術的アプローチが求められています。

いかにして人や社会にとってよい方向になるようにAIを作っていくべきか、運営していくべきか。これに対して、各種ガイドラインや報告書、提言がつくられてきました。AIの社会的な影響がかなり深いところまで、そして広範囲に及ぶため、世界でみると数百ものAIガイドライン・報告書・提言が出ています。欧州評議会によってAI条約も策定されました。これだけの数のAIガイドライン等が出ているので、比較検討も行われており、どのような項目を重要視するかについてはガイドライン間で違いがあります。とはいえ、国際的に大事だといわれていることはかなり共通しています。人類全体の幸福の増進、人間中心、人権尊重、個人の尊厳・自律、公平性、正確性、透明性、アカウンタビリティ、プライバシー保護、安全性、持続可能性などです。

国際的に共通しているAI倫理の原則

人類全体の幸福の増進、人間中心、人権尊重、個人の尊厳・自律が挙がっているように、AI倫理の原則で最低限抑えておくべきポイントは、人と機械との違いです。本書は、生き物と機械との違いとして、オートポイエーシスとアロポイエーシスの区分を持ち出しました。人も生き物ですので、人と機械との違いについて基礎づけを行ったといえるでしょう。人を含む生き物と機械との違いが曖昧な面も増えてきていますが、両者の違いを前提としてAI社会を考えることは共通理解になっているといえます。

「人類全体の幸福の増進」は、倫理学理論でいうと功利主義的な発想にもとづいているといってよいでしょう。功利主義的な考えかたは、一言でいえば、「最大多数の最大幸福」という言葉に表されています。それまでの慣習や常識ではなく、より多くの人がより多くの幸福を得ることを正しいとします。逆に苦痛を増やすものは不正であり、改善すべきものです。

功利主義はあくまで結果をみます。したがって、仮に出世や金儲け、有名になりたいといった目的・動機であっても、あるいは一部の人に苦痛をもたらすことになっても、結果として全体の幸福が増えればよいのです。つまり結果オーライであればよいのです。そのため、直観的には不正だと思うことを肯定してしまったり、少数の人の幸福を軽んじたりする傾向があります。なお先ほど書いたように、技術倫理は研究・開発の初期段階から社会に対してよい・正しい影響を与える技術を考えていきますので、前もって結果を見込んでいます。そのため、最大多数の最大幸福になるように功利主義「的」に発想して技術を考えることにならざるをえません。実際に結果がどうなるかとはズレが出てしまうこともあるでしょう。

一方で「人間中心、人権尊重、個人の尊厳・自律」は、倫理学理論の義務論に沿った考えかたといえます。義務論は、功利主義とは違って結果は無視し、したがうべき義務にもとづいた動機であることを正しいとします。したがうべき義務として代表的なのは、普遍化できることであり、人を単なる手段・道具として扱わないことです。人は、単なるモノではなく理性があり尊厳があります。権利でいうと、ほかのモノとは違って人には人権があります。ＡＩと比較すれば、ＡＩはモノであるため、単なるモノではない人を中心に考えていくべきでしょう。

「持続可能性」は、環境倫理と強く関わります。かつて倫理は、人間社会のことだけが念頭に置かれていました。しかし、さきほど書いたとおり人類が地球に及ぼした影響があまりにも大きくなり、地球環境への配慮が必要になりました。ほかの産業と同じようにIT分野も環境に大きなダメージを与えています。コンピュータ機器は大量に作られており、かつ変化が激しく寿命も短いので、廃棄される量もきわめて多くなっています。電子ごみ（E-waste）――スマホやパソコン、冷蔵庫などの電気回路の入った廃棄物――は、すでに国際問題に発展しています。電子ごみは、2019年に世界で5360万トン出され、2030年には7400万トンにまで増えると予想されています（Forti et al. 2020）。

AIについても同じです。機械学習には大量のマシンパワーが必要であり、新しく開発された性能の高いハードウェアに次々と乗り換えて開発されています。多くの電子ごみが発生します。さらに、大量の電力も必要です。2020年に発表されたGPT-3は、機械学習による二酸化炭素の排出量が552トン、エネルギー消費が1287MWhと推定されています（Patterson et al. 2024）。これは、家庭用の電子レンジ（500W）を257万4000台集めて1時間動かした電力量にあたります。

開発の場面だけではありません。利用の場面でも生成ＡＩは、環境への負荷が著しく高いといえます。ＡＩを使ってテキストを分類するのに比べると、生成ＡＩはテキストの生成や要約に20倍以上の電力を必要とします（Luccioni et al. 2023）。特に画像生成ＡＩは多くの電力が必要で、テキストの分類にＡＩを使うのに比べると、平均で１４００倍以上の電力が必要です。電力効率の悪い画像生成ＡＩであると、１枚の画像を生成するのにスマホを１回フル充電するほどの電力が必要になっています。

電力だけではなく、水の消費量も膨大です。ＧＰＴ－３のトレーニングには70万リットルのきれいな水が必要でした（Li et al. 2023）。データセンターのコンピュータを冷やすためです。発電のために使われた水も含めると、もっと多くの水が必要になります。今後、ＡＩのニーズが高まれば、データセンターのコンピュータを冷やす水がさらに必要となり、膨大な電力の発電による水の消費量も上昇するでしょう。２０２７年にはＡＩ関連で42億～66億㎥の水が必要と推定されています。これはデンマークの年間総取水量の４倍～６倍に達する量です。チリやウルグアイなど干ばつに苦しむ地域では、データセンターの建設に反対運動が起きています（Feliba 2023）。そこに生きる人々が生きるための水がなくなってしまうからです。

西洋では、人は自然の一部ではなく、人のために自然はあり、自然は利用して支配するものと考えられてきました（ラシュコフ 2023；西垣 2023）。技術によりこれだけ大きな環境破壊が進み、先端技術であるＡＩもまた環境負荷が高い技術です。「持続可能性」とは逆の動きが強まっているとさえいえますが、今後、環境倫理を踏まえてＡＩ開発等を行っていくことはますます強く求められていくでしょう。

ここで先ほどの「人間中心」という言葉について念のため補足しておきます。人間中心という言葉はかなり強い言葉です。環境倫理や動物倫理が叫ばれるなかで「何を言っているのだ！」と怒りたくなる人もいるかもしれません。ただＡＩ倫理の文脈では、ＡＩと比較したときに人を優先しようといっているにすぎません。「持続可能性」を重視していることからわかりますように、何も自然をいじくり回してよいということではありません。

ＡＩ倫理の特徴

ほかに共通項目として挙げられている「公平性、正確性、透明性、アカウンタビリティ、プライバシー保護、安全性」は、ＡＩ倫理が目指す価値を達成するための手段といってよいでしょう。安全性については２０２３年から２０２４年にかけてアメリカや英国、日本が相次いで研究所を開設しています。これらのなかでも公平性や正確性、透明性、アカウンタビリティは、ＡＩの技術的特徴からきており、ＡＩ倫理の特徴といえます。

公平性が問題となるのは、性別や人種、宗教の違い、差別の歴史や社会格差によってＡＩの判別に違いが出てしまうからです。有名な例として、採用人事のＡＩがあります。これまでの採用者に男性が多かったことから男性に優位な判定を出してしまうことがわかり、開発が中止されたことがありました。また、サーチエンジンでアフリカ系の名前を入れると逮捕歴を調べるサイトの広告が出されたり、「ＣＥＯ」と入れて画像検索すると男性の写真ばかりが出てくるようになっていました。

これらの違いは、統計的データにもとづいており「事実、そうなっているのだから」といって正当化する人もいます。しかし、その統計的データは、過去に特定の性別や人種が冷遇されてきた結果が積み重なって現れているだけかもしれません（池田・堀田 2021）。統計にもとづく差別は統計的差別と呼ばれます。

詳しい説明は省きますが、公平性にはデモグラフィック・パリティや機会均等、等価オッズなど、複数の基準があります。結果でみるのか、手続きでみるのかの違いもあります。

政治哲学でも異なる観点からの公平性が論じられています。これらの基準が同時に満たせればよいのですが、そうはうまくはいきません。犯罪者がふたたび罪を犯す確率を計算するソフトウェアでは、ある公平性の基準を満たすようにしたところ、別の基準からすると不公平になってしまい問題となったことがありました。どのような理由でどのような公平性を基準にしているかをあらかじめ外に向けて示しておくとよいでしょう。

なお公平性については、社会がとくに敏感になっているため、たとえ根拠が弱くとも話題になることがあります。たとえばクレジットカードの使用限度額について、男性と女性で比較したときに女性のほうが不当に低くなっているのではないかとネットで投稿がありました。しかしニューヨーク州金融サービス局が調査に入ったところ、性差別が起きている証拠はみつかりませんでした。審査基準がまったくわからない場合、このような真偽不明の噂が広まることがあります。

正確性も大きなポイントです。AIは統計的確率にもとづいて出力しますので、必ずしも正しいとはかぎりません。新型コロナウイルスの接種券にあった数字の識別でも、誤認識（たとえば5を3と認識）から10万件ほどの誤りが出ました（中島 2021）。確認が必要なデータも400万件以上にのぼりました。数字の自動認識は、かなり安定性があって普及した技術ですが、それでも誤りがゼロにはなることはありません。

正確性は、ＡＩの品質の問題ではありますが、それは倫理にも関わることがあります。公平性と関連する例でいうと、２０１５年にアフリカ系の人が写った写真をＡＩがゴリラとラベルづけしてしまう事件が起きました。ＡＩの顔識別技術では、アフリカ系やアジア系の人たちの識別の正確性が低いことが複数の調査で指摘されています。ＡＩは、機械なので正確であるというイメージがあるかもしれませんが、そのようなことはありません。前に挙げた再犯の確率を計算するソフトウェアは、６割ほどしか正しく予測していませんでした。驚きの低さです。このほか、ＡＩに学習させるデータの正確性の問題もあります。

透明性についてもよく話題になります。ＡＩは、単純なルールを組みあわせたプログラムではありません。そのため、ＡＩ自体がブラックボックスとなっており透明性が低いといえます。あとで述べる「企業のＡＩ倫理の実践」の「(4) ＡＩ可視化ツールの活用」で紹介するように、ＡＩの中身がわかるような技術も開発されていますが、単純なモデルに似せて説明することとなり限界が指摘されています。データやＡＩの中身をすべて公開するのもプライバシーや営業秘密のことを考えると困難です。ただしＡＩの中身をわかりやすくすべて説明するのは難しくとも、ＡＩを使っているかどうか、どのようなデータを読み込んでいるか、ＡＩの出力結果をどのように利用しているかなどは、できるかぎり説明するべきでしょう。特に人事等、人の人生を左右する場面でＡＩを使う場合、透明性は強く要請されます。

アカウンタビリティは、日本語ではよく説明責任と訳されますが、この本ではカタカナ表記のままにしています。説明責任というと、説明さえしておけばよいと思われてしまうからです（中川 2020）。アカウンタビリティは、単に説明すればよいというものではありません。トレーサビリティを確保し、なぜそのようなデータやＡＩを使ったのか、運営の体制はどのようにしていたのか、それがどのような根拠にもとづいていたのかをステークホルダーに説明するのにくわえて、問題が生じた際には補償したり、問い合わせの窓口を作ったりまでを含みます。あらかじめ保険に入っておいて補償に備えておくことも含まれます。

ソフトローとハードロー

一言で倫理といっても、必ず守るべきことから、守ったほうがよいといったことまで広い範囲にわたっています。必ず守るべきことは法律によって強制されていることが多いといえます。たとえば納税の義務は法律で定められています。しかし守ったほうがよいことは、法律によって強制されていません。挨拶しないからといって法律上の問題になることはありません。

ＡＩの開発・運営・利用については、原則やガイドラインなどで倫理を埋め込もうとしてきました。原則やガイドラインは、法律ではなくソフトローと呼ばれます。法律によって必ず守るべきことを示さず、ソフトローによって守ったほうがよいことを示して社会に拘束をかけていこうとしてきました。日本は、基本的にはこの立場です。ソフトローは、非拘束的といわれますが日本では実質的に拘束として働きます。もちろん自動車や医療機器は、別の法律で厳しく規制しますし、個人情報の扱いなども別の法律で決められています。しかし、包括的にＡＩを法律で取り締まることはしていません。

けれども海外では、近年、必ず守るべきことを明示して、法律によって包括的にＡＩを規制する動きも出てきています。ＥＵは、２０２４年5月、ＡＩ規制法（EU AI Act）を成立させました。このＡＩ規制法は、許容できないリスク・高リスク・限定的リスク・最小のリスクの４段階にリスクを分けて、それぞれのレベルに応じた規制が提案されています。

許容できないリスクにあたるＡＩは、サブリミナルな技法を使うＡＩや、特定の人やグループの脆弱性を利用したＡＩ、社会的スコアを算出するＡＩ、法執行を目的とした公共空間でのリアルタイム遠隔生体識別ＡＩ、インターネットや監視カメラの映像から不特定多数の顔認証データベースを作ったり拡張したりするＡＩなどが挙げられています。

こうしたＡＩがあると、たとえば警察が、抗議活動を行っている不特定多数の人を高精細のカメラで撮影して顔のデータをＡＩに読み込ませ、それを多地点で実施してネットワーク化し照合すると、その人の行動を監視する巨大な権力が生まれます。そのうえで、権力にしたがわない人に対して社会的スコアを下げるといったことをすれば、人々が抗議活動すらできなくなる事態が想定されます。これらのＡＩは禁止が妥当でしょう。なお、行方不明児の捜索やテロ攻撃の防止の場合は除かれています。

付けくわえておくと日本では、ＡＩだけでなく、情報通信をめぐる政策は行政指導などが中心でした。国内の企業は、お願いベースの行政指導であっても律儀に守ってきました。しかし海外の企業は遵守しないことも多く、そのため近年ではテックジャイアンが運営する大規模プラットフォームに対する法規制が相次いで行われています。ＡＩについても、事実上の強制規格や政府内での委員会の設置を含めた提言が行われています（新保 2023）。

各観察レベルとそれに関連する倫理的課題

これまでの内容を踏まえて観察レベルに応じたＡＩ倫理に関わる課題を整理していきます（表２）。複数のレベルにまたがった倫理的課題もありますが、特に重要視されるレベルに振り分けました。

各レベルは相互に作用しており、たとえば社会—技術システムのミクロレベルにおいて、一人ひとりにとって居心地のよい情報環境になるように個別最適化を行うと、マクロレベルでは全体不最適化につながることがあります。陰謀論好きの人に次々と陰謀論をみせることによって、マクロレベルでみると、社会が極端な方向にいき不安定化することにつながりかねません。このように各レベルは互いに影響を及ぼしあっていますので、表２の主な倫理的課題は便宜的な配置であると理解してもらえればと思います。

順番にみていきましょう。まず観察レベルが個体の場合についていえば、人を機械とみなすことで人間の尊厳を見失うことがあります。すでにみたように機械は、製作者の意図があって、その目的に沿うように作られます。これは、コンピュータでも同じです。一方、人は、もっぱらなにかに役立つためだけに作られて生きているわけではありません。より

表2　各観察レベルとそれに関連する倫理的課題

観察レベル		主な倫理的課題
個体		人間機械論、過度な個人的責任追及、ケアの倫理
社会—技術システム	ミクロ	多様な人々の社会的包摂、フィルターバブル、AI エージェント等への意思決定の依存（嗜癖）、ロックイン、擬人化
	メゾ	組織が作る AI 倫理ポリシー、AI 倫理チーム、研修、アセスメントシート、AI 可視化ツール
	マクロ	集合的責任（補償的側面・集合知的側面）

上位の観察レベルでいうと社会—技術システムのなかで個人が機能（役割）を果たすべき側面が現れてきますが、人の本質はそれだけではありません。たとえ仕事ができなくとも、創造的に新しくモノ・コトを生み出せなくても、それだけで尊厳が消えてしまうわけではありません。

　またそれぞれの人は、それぞれの内側から環境を認知して生きています。みずからでみずからをおのずから作り出しながら自分や環境を認知し、唯一無二になっていきます。一人ひとりの唯一性をないがしろにすれば、それだけ多様性は損なわれてしまうでしょう。デジタルデータのようにミラーリングしてまったく同じ人を形成することは、理論上、不可能であるとは証明されていないものの、実際かなり難しいといえます。

　しかし前に述べたように、人とコンピュータを連続的に捉える流れが大きくなっています。そのため、人を機械とみなす人間機械論は大きな倫理的課題として位置づける必要があります。人を単なる手段としてみる考えかたは、先に述べた義務論では真っ向から批判されます。また、この本で触れたウィーナーやハイデッガーも、人間機械論を激しく非難しました。

個体のレベルではほかにも課題はありますが、ここでは後の議論に密接に関係する過度な個人的責任の追及についてだけ述べておきます。

繰り返しになりますが、個体はオートポイエーシスの集合体であって、みずからをおのずから作りアロポイエティック・システムをも作ります。とはいえ同時に社会―技術システムからの制約を受けています。取引先の要望や上司からの指示、開発チームの人間関係、業界の標準的な仕様、予算・納期などといった社会―技術システムの仕組みのなかで、私たちは行動します。社会的役割のなかで、また見通しのききにくいＡＩシステムの複雑さのなかで、開発・運営します。間違いを誘発するミクロレベルの環境があるなら、あるいは適切なトレーニングを積む時間もなくメゾレベルの組織から支離滅裂な要求をされるようなことがあれば、ミスは起きてしまうでしょう。それを社会―技術システムの問題とせず、特定の人に責任を押し付けるのは責任の帰属先を取り間違えているといわざるをえません。個人への責任の帰属は、あくまで悪意が明確な場合のみにかぎって行うべきです。

ミクロレベルの倫理的課題

次に社会─技術システムのミクロレベルでいうと、障害者などの多様な人々の社会的包摂やフィルターバブルなどが問題として浮かび上がってきます。たとえばアクセシビリティを高めて音声読み上げソフトウェアに対応することで、視覚に障害のある人でも自分で調べものができるようになります。音声認識技術を使って音声をテキスト化することで、聴覚に障害のある人も会議に参加できるようにしたりすることなどがあります。

また長井志江は、バーチャル・リアリティの技術によって自閉スペクトラム症の人たちの主観的な視えを疑似体験する装置を作り出しています（長井 2018）。障害は、外からみているだけではわかりにくく、こうした障害者の主観を近似的に作り出し、ケアへと結びつける技術は大いに評価されるべきでしょう。また分身ロボットカフェのように、ロボット技術を使って遠隔で働く可能性も模索されています。

ミクロレベルは、人とそれを取り巻く環境を視野に収めるため、よくいわれるフィルターバブルの問題もここに位置づけられるでしょう。フィルターバブルとは、コンテンツが自動的に選定（フィルタリング）され、一人ひとりが泡（バブル）のなかにいるような状態になっていることをいいます。たとえばSNS上のデータを分析して細かな条件で利用者を分類し、メッセージや画像を変えて政治広告を出すということも行われており、そのことが実際の選挙行動に影響を与えているといわれています（日本放送協会取材班 2020）。

またアルゴリズムに変更を加え、ネガティブな投稿を表示する割合を増やすと、その投稿をみた人はネガティブな投稿をすることが増えたとの報告もあります（Kramer et al. 2014）。ミクロレベルでは、人は環境と一体になっています。人は、環境に決定されるわけではありませんが、日々接する環境から刺激を受けます。環境が歪めば、その環境と相互作用している人からの出力も、程度の差はあれ歪んでいく傾向にあります。

第3章の「人工エージェント」のところで述べたように人工エージェントはすでに使われており、その主たる技術として生成AIを含めたAIが使われています。けれども、そこにまったく問題がないかというと、そのようなことはありません。AIエージェント自体の透明性がなく、パーソナル化されていることは誰もが知りつつも、どこまで個別化されているのかがよくわかりません。しかし、将来的にエージェント機能がかなり上がっていくことを考えると、エージェントに意思決定を依存（嗜癖）するケースが増えていくでしょう。過度に信頼しすぎて、エージェントが十分な機能をもっていないケースでも信頼してしまうこともあるでしょう。根拠なしにＡＩエージェントに任せっきりになることを食い止めるために、ＡＩエージェント自体をモニタリングする別のＡＩが必要とされたり、あるいは利用者に用心深さをうながすようなインターフェースが求められています（Shavit et al. 2023）。

なおメゾレベルの倫理的課題は、組織のレベルのＡＩ倫理の問題です。組織はもちろん企業だけにかぎりませんが、この本では企業を取り上げて、後の「企業のＡＩ倫理」の箇所で詳しく述べます。企業は、コーポレートガバナンスの一環としてＡＩ倫理に取り組むことが求められます。

マクロレベルの倫理的課題

マクロレベルは、ミクロレベルやメゾレベルだけではどうしても収まりきらない倫理的問題——集合的責任——が入ります。この集合的責任は、補償的側面・集合知的側面に分けられます。

補償的側面としては、被害やトラブルが起きたにもかかわらず、いったい誰のミスなのか、あるいはどの会社の製品・サービスが原因なのかが限界まで調べても判明しないケースに対応することが挙げられます。

２０１０年代以降のＡＩは、それが統計的モデリングにもとづいていることも特徴ですが、それとともに大量の機器が通信ネットワークで結ばれているなかに組み込まれていることも特徴です。ＡＩの開発・運営にあたって多数の会社がかかわっていることもあるでしょう。そのため、問題の原因究明が難しいといえます。そうした場合、社会もしくは業界それ自体が一種の道義的責任を担い、損害を被った人に補償し救済を図るといったことが考えられます。同時に、個人や組織に対して過度に責任を追及しないようにし、事故の調査をやりやすくします。複数の会社がＡＩの開発・運営にかかわっている場合は、責任の分担について争うよりも、事故の原因究明と再発防止にいち早く取り組むように契約しておく必要があるでしょう。そうすることで、集合知的側面のエラーマネジメントにもつながっていきます。

集合知的側面も欠かせません。集合知的側面はさまざまな実践に分けられます。たとえば、エラーマネジメントの共有です。似たような事故が同じ業界内で繰り返されないように、事故の原因や対処法を業界で公開しあいます。再発防止に向けて事故の報告をうながします。

機械学習のメカニズムは、エンジニアが数百行程度のコードを書かなければならないのですが、それでも演繹型のプログラミングのように数万行から数百万行におよぶソースコードにすべてのプログラムの動きを書き下しているわけではありません。そのため、演繹的にプログラミングした場合よりもＡＩの動きが予想しにくいといえます。予想とは違った動きをした事例を集め業界全体で報告しあうことによって、一般の人々のなかにＡＩ全体への信頼感を醸成していくことも可能になるでしょう。もちろん逆のベストプラクティスの共有もあります。失敗を公開するよりもベストプラクティスの公開のほうがやりやすいのですが、それだけでは、まるで失敗が起きていないかのように覆い隠されてしまうというデメリットもあります。

消費者庁は事故情報データバンクを運営していたり、内部通報制度や公益通報者保護法、消費者安全調査委員会などを整備してインシデントを集めやすくして、トラブルの蓄積も行っています。コンピュータ・システムのトラブルに対してはＩＰＡ（独立行政法人情報処理推進機構）が担当です。脆弱性や事故原因・対策方法を公表しています。

ＡＩに関する海外の取り組みとして、Partnership on AI の The Artificial Intelligence

Incident Database、ＯＥＣＤのAI Incidents Monitorがあります。なお、この２つは事例集であり、最近のＡＩインシデントを知ったり、センシティブなことについて知ったりすることに役立ちますが、メディアなどに取り上げられて公開されたインシデントを集めているにすぎない状況です。Ｇ７広島サミットを受けて２０２３年に立ち上がった広島ＡＩプロセスでも、責任ある情報共有とインシデント報告に向けて取り組むことが求められています。

ＡＩが学習するデータの共有もあるでしょう。いまのＡＩは、高精度のデータを大量に集めることが重要です。けれども大企業でない限り１つの組織だけでデータを収集するのは難しいため、多くの組織でアノテーション（タグづけ）したデータを共有することもあります。もちろんこれらは、かなり難しいことであり、たとえばアノテーションのときの用語・基準の体系化や、アノテーションの質の維持についても困難な側面があります。しかし、たとえば医療ＡＩでは、画像診断のナショナルデータベースの構築が試みられています。専門家によるタグ付けに限定して集合知を作ろうという試みです。

すでに積極的に行われているような学会・協会の助けあいや教えあいも重要です。オープン・イノベーションの場で積極的に勉強しあうコンソーシアムなども、組織を超えたマクロレベルの知の共有にあたるといえるでしょう。エンジニア同士の学びあいや、複数の組織の人たちが一緒になって企画し話しあうオープンなイベントなども、この集合知的側面にあたります。こうした意見交換の場は、古くからみられますが、やはりこのような活動抜きではAI倫理を築きえません。医療分野でいえば、遠隔ライブデモンストレーションや医療機関間のコンサルテーションも行われています。また電子カルテの最小限の標準的仕様を固めて電子健康記録（electronic health record）の普及を試みようとしているのも、このマクロレベルに入ります。

これは、いま注目を集めているAIの連合学習（federated learning）でも同様です。連合学習は、個人情報や社外秘のデータ等を組織の外に持ち出すことなく学習済みモデルだけを共有する手法で、創薬や不正口座の検知といった多くの場面で活用が期待されています。個々の組織だけでは、データ不足で機械学習の精度が高まらないことがありますので、学習済みモデルの更新差分を組織間で総合して、全体のモデルを計算しなおすことで機械学習の機能を上げようとしています。創薬の分野では、一社だけでは学習データがそろわないため、京都大学や製薬会社5社が協力して、化合物とたんぱく質の結合を予測する連合学習を行っています（藤井 2024）。

インターネットでは長らくコモンズの文化が育まれてきました。コンピュータ・プログラムのソースコードをオープンにして配布することは、１９６０年代からみられており、それがフリーソフトウェアやオープンソースの流れを作り、GitHubやウィキペディア、オープンストリートマップなどにまで継承され続いています。ライセンスもととのえられ、クリエイティブ・コモンズ・ライセンスは、オープンコンテンツを広げるために国際的に使われています（チェン2012）。データや作品のライセンス表示を行い、気軽に利用できるようにしておくことも、創造性につながる方策のひとつでしょう。ＡＩにおいても、こうした流れを強め、補償的側面にくわえて集合知的側面を広めていくことが欠かせません。

企業のＡＩ倫理

続いて、企業のＡＩ倫理について扱います。メゾレベルのＡＩ倫理です。企業も、２０１８年あたりからＡＩ倫理に関する方針（以下、ＡＩ倫理ポリシー）を発表することが増えてきました。

政府が作ったＡＩガイドライン等の大半は、分野共通にして、それぞれの企業がＡＩ倫理ポリシーを作り、実践していくための参考になるように作られた面があります。ＡＩの事業者の分野は非常に多岐にわたるため、それぞれの企業がＡＩ倫理ポリシーを自主的に作って具体的な措置を行うことを期待していました。

すでに説明したように国際的に重要だと思われる共通項はできあがってきていますので、企業も参考にしやすいでしょう。実際、企業の担当者からすでにできていたＡＩ倫理原則等を参考にしたと何度か聞きましたし、企業のＡＩ倫理ポリシーには、政府や国際機関などが作ったガイドラインと同じく、人間中心や公平性、透明性・説明可能性といった内容は必ずといってよいほど含まれています。また昨今、企業は労働者の人権を守り、環境保護に取り組むことが強く求められていることから、ほかのガイドラインと同様、これらの内容も盛り込まれています。

海外では、マイクロソフトやグーグル、ＩＢＭ、ＳＡＰなどがＡＩ倫理ポリシーを作っていることが知られています。日本では、ソニーや富士通、ＮＥＣ、ＮＴＴデータ、沖電気工業、ＬＩＮＥヤフー、日立、パナソニックなどが作っています。もちろん企業によっては中心的な活動にＡＩを使わないこともあるでしょう。その場合は、独自にＡＩ倫理ポリシーを定める必要は必ずしもなく、自社のほかのポリシーのなかに組み込んだり、あるいは特定領域で一定のルールのもとに使っていることを、外に向けて発表するだけでも十分な場合があります。

ＡＩ倫理ポリシーは、ＡＩ倫理の目的であり、何のためにＡＩを開発・利用するかを示すものです。ほかのＡＩ倫理原則等を参考にするのにくわえて、組織にとってＡＩ倫理の取り組みが付加的なものではなく、本質をなすものとするために、企業のパーパスにとって必要不可欠で一体になったものとして作ります。そうしなければ、その組織の人にとってＡＩ倫理は面倒なものと思われるだけでしょう。

ＡＩ倫理ポリシーは、全社的な取り組みとして社内外に宣言します。その会社の人でも、日々の仕事に追われていると「木を見て森を見ず」ということが起きてしまいがちですので、ＡＩ倫理ポリシーは一歩引いて俯瞰的に事業をみつめるきっかけにもなるでしょう。

ＡＩ倫理ポリシーは、外部の人にも公開します。「ＡＩを使っている」というだけであやしむ人もいるでしょうから、消費者を含むステークホルダーとのコミュニケーションの一環としてＡＩ倫理ポリシーを公表し、こういうポリシーのもとに自主規制して、ＡＩを開発・運用しているのだということを外に向けて明確にできます。

ＡＩ倫理ポリシーは、目指すべき大きな方向性を示すもので抽象的に設定します。実践に移すための基点です。実践のためには、このポリシーを細かなプロセスに具体化していかなければなりません。ＡＩ倫理のガバナンスをしていくということです。ＡＩ倫理ポリシーは、主に「なにを」（What）に関わりますが、ＡＩ倫理のガバナンスは「どのようにして」（How）に関わるといってもよいでしょう。残念ながらＡＩ倫理ポリシーを宣言するだけで、それを隠れ蓑にして実践に結びつけていないケースもみられます。しかし企業が本当に倫理的に活動しているかどうかが試されていて、それが長い目でみて企業の信頼につながっていくのだと思います。同時に株主の長期的な利益にもむすびつくでしょう（小塚 2020）。

企業のＡＩ倫理の実践

ガバナンスとは、目的を達成するために、現状を把握し、目的との間に隔たりがあるようであれば改善策を練り実行していく仕組みのことをいいます。

第２章でキュベルネテスは、サイバネティクスの語源であり、ガバナーの語源でもあると書きました。ガバナー（統治する人）が行うのがガバナンスです。従来は、政府を表すガバメントという言葉がよく使われましたが、政府から民に一方的に命令することよりも、多くの組織がそれぞれで統治することが要請されるようになってきました。社会—技術システムが複雑になり、その変化も激しくなっているからです。

それぞれの組織のなかで現状を確認して、目的にあうようにフィードバックをかけていくというサイクルを何重にも回すようになってきました。ＡＩでいえば、第一線の現場でチェックリストを使いながら、正解率のような品質だけではなく、差別的な問題を引き起こさないかをチェックします。ＡＩのライフサイクル、たとえば企画・開発・運用などのフェーズに分けてチェックします。ＡＩは、プランを立てる→データを集めてクリーニングする→モデルを構築する→検証する→実装して運用する→運用状況をモニタリングするといったフェーズがあります。このようなＡＩの企画・開発・運用の工程は、直線的に描かれることもありますが、円環的に描いたほうがＡＩのライフサイクルに近いといえます。機械学習をやり直したら、新しいデータの読み込みでＡＩの挙動が大きく変わることがありますので、チェックし直す必要があります。持続的に検証していくことが欠かせません。

現場でフィードバックをかけるだけではありません。あとで述べるＡＩ倫理チームも事前相談にのったり、倫理的問題があるならば解決の支援をしたりしています。さらに現場

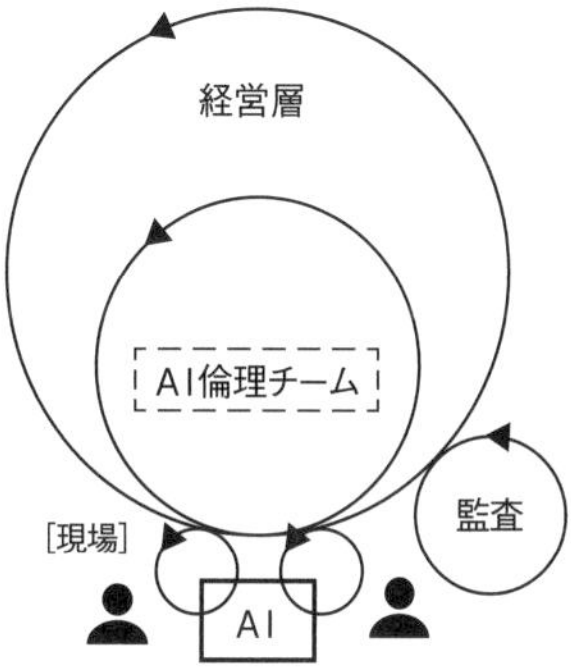

図22　フィードバック・ループ（筆者作成）

やAI倫理チームの活動報告を経営層がチェックします。くわえて監査を行うこともあるでしょう。「現場」「AI倫理チーム」「経営層」「監査」というように4重のフィードバックがかけられます（図22）。それぞれの場で目的を達成するためにフィードバックを効かせ、目的が達成されれば別の目的を立て、さらにその目的が達成されるように連続的にフィードバックをかけていきます。ちなみに、こういったフィードバック・ループを取り囲むようにして社会—技術システムのマクロレベルのガバナンスがあります。

しかし何重にもフィードバックを効かせたとしても、それで一切問題が生じないわけではありません。組織のコミュニケーションのなかでいわば「盲点」なるものが生じる場合があるからです。

例としては2019年に起きたリクナビ問題があります。当時リクルートキャリアが運営していた就活サイト「リクナビ」では、業界ごとの閲覧履歴にもとづいて、応募学生が選考途中で離脱したり内定を辞退する可能性のスコアを出して予測するサービスが行われていました。学生による内定辞退の多さは、採用人事を行っている企業にとって大きな問題です。そのため、リクルートキャリアは内定辞退等を予測するサービスを開発・提供し、38社におよぶ企業がそのスコアを買っていました。

リクルートキャリアは、取引先の企業との間で、そのスコアを採用の合否の判断に利用しないことを契約で約束していました。しかし、人生を左右しかねない就職活動において、学生がいろいろな企業を真剣に比較しながら調べているデータが、知らないうちに内定辞退率というスコアに反映され、それが相手企業にわたってしまっていることは大きな批判を浴びました。もっとも、サービスが行われていた期間の後半では、プライバシーポリシーが変更され、「行動履歴等を分析し・集計し、採用活動補助のための利用企業等への情報提供」について記載されていました。けれども、そのことをもってリクルートキャリアが内定辞退率の提供について学生の同意を得たとみなしたことについても批判が集まりました。

リクルートキャリアも、不十分だったとはいえフィードバック・ループをいくらかは回していたでしょう。内定辞退率のサービスは社内で表彰もされていました。組織の内輪の観察では問題ナシと判断されていたのです。しかし、このリクナビ問題は、学生の視点が完全に欠落していたといわざるをえません。組織内部で観察の観察、つまり二次観察を行っていたとしても、みえていないものがみえていない状況だったのです。

あとで述べるようにAI倫理チームや外部の人を交えた委員会で多様な観察視点を入れることによって、こうした大きな問題の発生をある程度防ぐことはできるでしょう。直接的に影響を受ける人・組織――リクナビ問題の場合であれば学生――の視点を入れるために、それらの人たちに事前に意見を聞いたりすることも大切です。みえないものがみえない「盲点」が不可避的に生じてしまうことを念頭においてガバナンスを実行していく必要があります。

大企業ならAIの企画・開発・運用のフェーズのすべてを内部で作り上げることもありますが、他社の技術に頼ったりラベルづけをアウトソーシングしたりすることもあります。そのため契約のガバナンスも求められます（小塚 2020）。契約関係でできあがったサプライチェーンは、「第5章　生成AIと倫理的創造性」の有害コンテンツのところでも触れるように途上国にまで及んでいることがあり、組織内部からは盲点になりやすいといえるでしょう。

AIガバナンスのガイドライン

次は、ＡＩガバナンスのガイドライン関係の例です。私は、総務省・経済産業省が発表した「ＡＩ事業者ガイドライン」の総務省側の会議の構成員でした。

【全般】

・World Economic Forum and Info-communications Media Development Authority of Singapore “Companion to the Model AI Governance Framework–Implementation and Self-Assessment Guide for Organizations”（ＩＳＡＧＯ）
・欧州委員会ＡＩ ＨＬＥＧ “The Assessment List on Trustworthy Artificial Intelligence”（ＡＬＴＡＩ）
・ＮＩＳＴ “Artificial Intelligence Risk Management Framework”（ＡＩ ＲＭＦ）
・Alan Turing Institute “Human Rights, Democracy, and the Rule of Law Assurance Framework for AI

Systems"
・ＩＳＯ／ＩＥＣ 42001：2023　情報技術—人工知能—マネジメントシステム
・総務省・経済産業省「ＡＩ事業者ガイドライン」
・経済産業省主催ＡＩ原則の実践の在り方に関する検討会「我が国のＡＩガバナンスの在り方　ｖｅｒ１・１」
・経済産業省主催ＡＩ原則の実践の在り方に関する検討会「ＡＩ原則実践のためのガバナンス・ガイドライン　Ｖｅｒ１・１」
・日本データマネジメント・コンソーシアム（ＪＤＭＣ）ＡＩ・データ活用のためのコンプライアンス研究会「攻めのデータ活用の「つまずきポイント」に備える49のチェックリスト」
・産業技術総合研究所「機械学習品質マネジメントガイドライン」
・ＱＡ４ＡＩ「ＡＩプロダクト品質保証ガイドライン」
・日本ディープラーニング協会「生成ＡＩの利用ガイドライン」

【クラウド】
・総務省「ＡＩを用いたクラウドサービスの安心・安全・信頼性に係る情報開示指針（ＡＳＰ・ＳａａＳ編）」

【契約】

・経済産業省「ＡＩ・データの利用に関する契約ガイドライン　１・１版」

【プラント】

・石油コンビナート等災害防止３省連絡会議「プラント保安分野ＡＩ信頼性評価ガイドライン」

【医療・ヘルスケア】

・厚生労働省「人工知能技術を利用した医用画像診断支援システムに関する評価指標」
・日本デジタルヘルス・アライアンス「ヘルスケア事業者のための生成ＡＩ活用ガイド」

【農業】

・農林水産省「農業分野におけるＡＩ・データに関する契約ガイドライン」

ちなみに、国際標準化機構（ＩＳＯ）と国際電気標準会議（ＩＥＣ）によって作られているＡＩの国際標準は、ＡＩのガバナンスだけでなく、バイアスやパフォーマンスの評価など30件ほどあります。

AIガバナンスの実践

ガバナンスの方法は複数あります。（1）ＡＩ倫理チーム等を設置して組織体制を構築し、（2）ｅラーニング教材を使って研修を実施したり、あるいは（3）アセスメントシートを活用したり、（4）ＡＩ可視化ツールを利用したりします。「技術の問題は、技術で」という人もいますが、実際には技術だけで技術的問題を解決するのは難しく、社会―技術的アプローチ、つまり非技術的な方法と技術的な方法の両面で解決が図られています。順にみていきましょう（図23）。

（1）AI倫理チーム等の組織体制

ＡＩ倫理チームの役割は、ＡＩに関わる倫理的問題の特定とリスク対応を検討することです。面倒だからとＡＩ倫理チームを作らない場合は、リスクが高まるといえるでしょう。

ＡＩ倫理室やＡＩ戦略室などと呼ぶ場合もありますし、ＡＩ倫理委員会と呼ぶ場合もあります。高い頻度で定期的に委員会を開く場合はＡＩ倫理委員会という名前でよいでしょう。この本ではＡＩ倫理チームと呼び、年に数回開く場をＡＩ倫理委員会と呼んでいきます。

もちろんＡＩ倫理チームを作る前にリスクを抽出・検討し、小さいリスクしかない場合は特段設ける必要はありません。リスクは、一般的に影響度と発生確率で考えます。一般的な製品・サービスの安全配慮については、「絶対安全」を捨て「許容可能なリスク」という考えかたに舵がきられています。リスクは、小さくすることはできますが、ゼロにはなりません。ＡＩも、確率的に出力を返す仕組みでもありますので、当然のことながらリスクはゼロにはなりません。しかし、インシデントが起きても影響がそれほどなく発生確率も低いことばかりなのであれば、とくにＡＩ倫理チームを設置する必要はないでしょう。

一方で非常に大きな損失が見込まれ、発生の頻度も高いと見込まれるＡＩ開発・運用は停止せざるをえません。そのためＡＩ倫理チームは、役員のもとに、あるいは役員をメンバーにくわえて編成したほうが望ましいといえます。というのは、ＡＩサービスの停止や再設計の意思決定は大きな経営判断になるからです。役員が入っていると大きな判断ができますが、そうでないとなかなか大きな判断はできません。

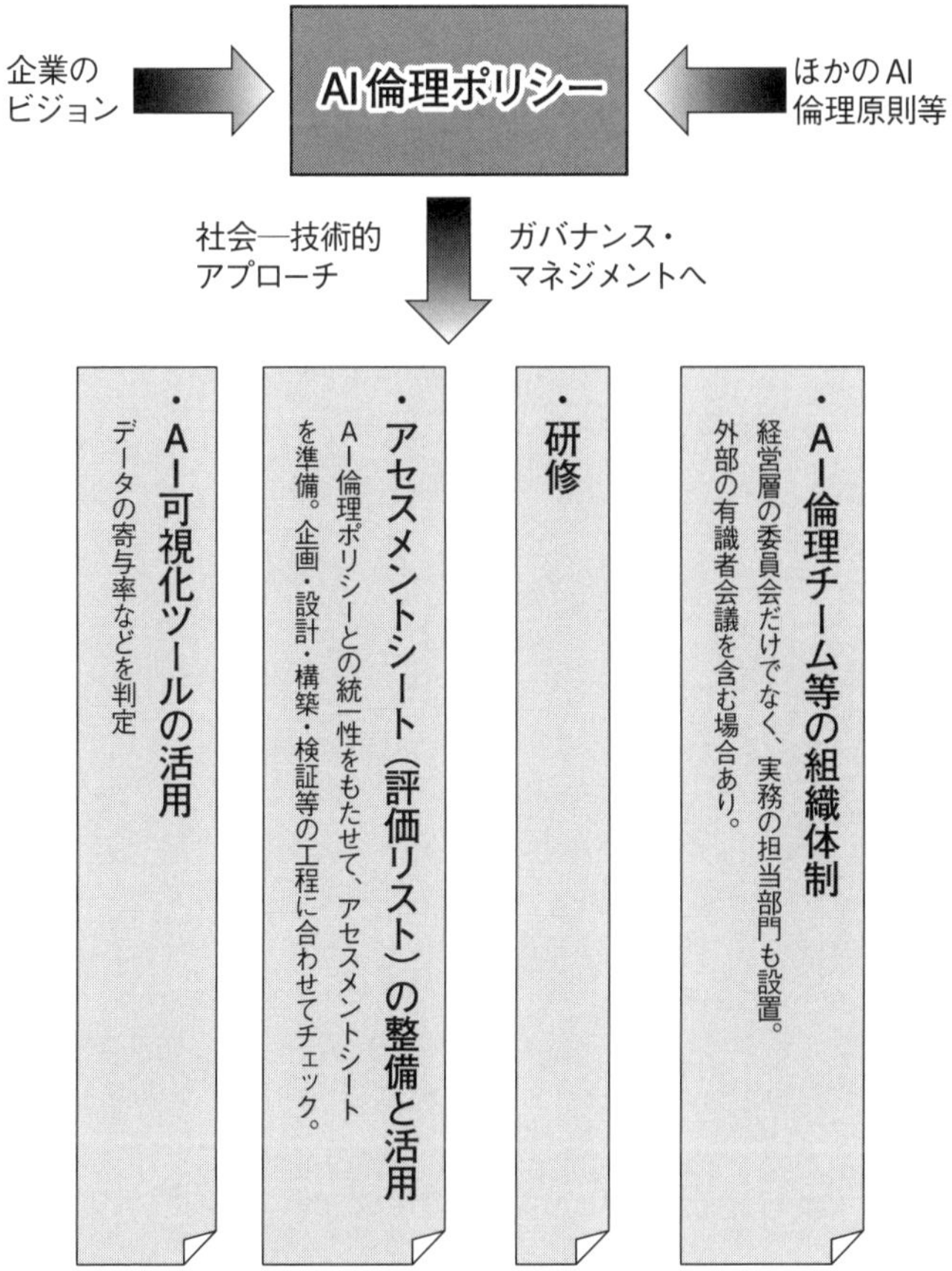

図 23　組織における AI 倫理のガバナンス　(筆者作成)

開発の企画段階でリスクの高さがわかるに越したことはありません。しかしサービス開始の直前や運用中であると、サービス中止にいたる決断は難しいといえます。たとえばグループ企業のなかでトライアルを実施し、大きなデータではなく比較的小さなデータで機械学習して品質などを検証していたとします。それで問題ないと判断されれば、本番に向けてより多くの資金や時間、人を投入して、大規模にしていきます。ところがその後、問題が発覚したとしましょう。この場合、なかなか開発を止めることができません。中止は経営判断になります。このため、役員クラスの人が入っていないとＡＩガバナンスの重要な局面を制御できないということになりかねません。

この役員クラスの人は、ＡＩ倫理の責任者として位置づけられます。近年、技術部門の人が責任者となることが減り、非技術部門の人がＡＩ倫理の責任者となるケースが増えています。ＩＢＭの調査によれば、かつてはＣＩＯ（最高情報責任者）やＣＴＯ（最高技術責任者）、ＣＩＳＯ（最高情報セキュリティ責任者）などが責任者でしたが、いまはＣＥＯ（28％）、取締役会（10％）、法律顧問（10％）、プライバシー担当役員（８％）、リスクおよびコンプライアンス担当役員（６％）がＡＩ倫理の責任者を務めています（ＩＢＭ 2022）。

ＡＩ倫理チームは、多くの場合、現場の開発・運営チームとは別に設けます。開発チームは、自分たちが作っているＡＩシステムに愛着をもつことが多く、倫理的問題の検討が後回しになってしまいがちです。そのため開発チームとは別に設けることがよいでしょう。現場の開発・運営チームとは別に、ＡＩ倫理を専門的に担当するＡＩ倫理チームを設けることにより、現場だけのモニタリング・評価だけでなく、二重にチェックすることができます。さらに別の部署である監査がチェックを行えば、三重のラインで検証する体制が構築できます。経営層を含めると四重のチェックです。

また組織の構築を行う場合、インシデントが起きたときの連絡ルートをあわせて整備しておくことも重要です。さきほど述べたようにリスクはゼロにはならず、インシデントは起きるものという想定をしておく必要があります。インシデントもあらかじめ数段階にレベル分けしておき、このレベルのインシデントであればこの連絡ルートを通す、といった流れを前もって構築しておくことがよいでしょう。たとえば人命や人権に関わるインシデントは、すぐに対応できる連絡ルートを確保するべきです。

もちろん可能であれば、ＡＩ倫理チームのメンバーに人種や国籍、性別、宗教の多様性をもたせることで、サービス対象者に差別的対応をしていないか否かをチェックしやすくなります。日本の会社で人種等に多様性をもたせるのが難しければ、性別や年齢、専門などに多様性をもたせることも一案です。パナソニックグループは、ホールディングスにＡＩ倫理チーム（パナソニックグループはＡＩ倫理委員会と呼称）を設置し、すべての事業会社から１名以上のＡＩ倫理担当者を出しています。技術だけでなく、法務・知財・情報システム／セキュリティ・品質部門の人も入っています。そのため、専門の多様性が確保されているといえるでしょう。

年に数回、外部の人を含めてＡＩ倫理委員会を開く場合、メンバーの構成は、経営幹部に加え、データエンジニアやプログラマー等の開発者、弁護士もしくは法務担当者、倫理の専門家などがよいでしょう。私は、ＬＩＮＥヤフーのＡＩ倫理に関する有識者会議の委員をしています。＋αとしてＡＩサービスの対象となる領域（業界）の専門家にもスポットで入ってもらうこともあるでしょう。それぞれの業界にはそれぞれの業界のしきたりがあります。人に多様性をもたせることができれば、二次観察が機能して「盲点」をみつけやすくなります。

（2）研修

続いて研修です。ＡＩ倫理に積極的に取り組む企業は、全社員にＡＩ倫理の基礎的な研修を受けさせています。外部の教材でやるケースもありますし、大企業であれば自社のAIシステムに合わせた教材を作って研修に使う場合もあります。規模の大きな会社は、一堂に全社員を集めて行うことはできませんので、eラーニングを使います。研修を行って、社員にAI倫理を踏まえることをうながし、大きな失敗をなくすということです。

IT企業では、コーポレート・ガバナンスの一環としてデータガバナンス（個人情報関連・含）やITガバナンス（クラウド関連等・含）、セキュリティガバナンスが実施されていることも多く、すでにいまのガバナンスが業務量を増大させているにもかかわらず、AI倫理のガバナンスの導入でさらに業務が増えることへの抵抗感もかなりあると聞きます。そのため、なぜAI倫理を考えなければならないかの理解が社内に醸成される必要があります。

もちろん全社員が応用的な内容まで研修を受けるとなると、受ける人の負担も大きくなり、うんざりしてしまいます。そのため全社員が受ける研修は、あくまで基本的な内容にとどめます。けれども基本的な内容だけでは十分ではありませんので、AIの企画・開発・運用に直接あたる社員は、応用的な内容までの研修を受けます。

社員の人たちが新しい技術の特性を随時勉強しているとはかぎりませんので、社員の人たちにとって研修は勉強になることも多いでしょう。もし社員にとっての直接的なメリットを出す必要があるならば、たとえば研修を受けると生成ＡＩの有料サービスが利用できるといった条件をつけ、誘因を作り出すこともできるのではないでしょうか。

（３）アセスメントシート（評価リスト）の整備と活用

３番目のアセスメントシート（評価リスト）は、ＡＩ倫理ポリシーを実践に落とし込むためのリストです。ＡＩ倫理ポリシーをみながら、現場で実践するときに気をつけなければならないことを漏れがないようにととのえます。ＡＩ倫理ポリシーとの整合性をもったチェックリストにします。「地域・性差等に偏りがないか」「入力と出力との間に差別的な偏りはないのか」等のチェック項目を用意して具体的に評価します。前に挙げた欧州委員会ＡＩ ＨＬＥＧの"The Assessment List on Trustworthy Artificial Intelligence"や、総務省・経済産業省の「ＡＩ事業者ガイドライン」の「別添」のようにすでに評価リストもあるため、ゼロから考える必要はありません。

ＡＩ倫理チームだけでなく、現場でセルフチェックができるように作っていく必要があります。企画・設計・構築・検証などの個々の工程でセルフチェックを回さなければなりません。学習するデータの量に応じて、ＡＩの動きがどこまで変わるかもチェックしなければなりません。そのため、現場の人にとってもわかりやすいことが重要です。すべてのＡＩに使えるようにあまりにも分厚いチェックリストを作ってしまうと、煩雑になり現場の負担が増します。パナソニックがやっているように、製品・サービスの特性に合わせてチェック項目を用意すると現場の人の負担が減るかもしれません。また、チェック画面には、そのチェック項目の解説や代表的な対応方法、内部・外部のガイドラインへのリンクなどもあるとよいでしょう。これまで起きたインシデントや法についての解説記事へのリンクがあると現場の人がよくわからないときに調べやすくなります。負担なくチェックできるのはＡＩ倫理の実践にとってとても重要なことです。

なお、こうしたアセスメントシートは形だけの評価になってしまうことがあります。手段が目的化してしまい、シートを埋めることだけを重視してしまいがちです。それを避けるために、トラップ質問や回答時間を計測することもあるでしょう。トラップ質問には、たとえば「下の質問には回答せずに、次の質問に進んでください」などと書きます。きちんと質問を読み回答しなかった人はよいのですが、その質問に回答してしまった人がいたら、その人はよく文章を読まずに回答していることがわかります。あるいはアセスメントシートへの回答時間を計測すると、あまりに短い時間で回答している場合は質問を読み飛ばしていることがわかります。形だけにならず実質的に意味のあるアセスメントとなるように工夫が必要です。

（4）AI可視化ツールの活用

最後の４番目の方策はＡＩ可視化ツールの利用です。ＸＡＩ（Explainable Artificial Intelligence：説明可能なＡＩ）の領域です。従来の一般的なソフトウェアは、入力に対する処理のすべてを開発者が設計し、演繹的にプログラミングしています。それゆえ、どのように入力データが内部で処理されたかが追いやすくなっています。それに対して２０１０年代以降の深層学習（ディープラーニング）は、演繹的プログラミングではなくデータの特徴量が帰納的かつ自動的に抽出されるため、またパラメータ数が多いため、人にとって中身がわかりにくくなっています。深層学習は、エンジニアが詳細なルールや条件を書くのが難しい複雑な事象に使えるメリットがある一方、内部が複雑でどのような根拠にもとづいて出力されているのかを理解しにくい面があるのです。図24にあるように、計算モデルの解釈しやすさと正解率とは、トレードオフになっていて、深層学習のように高い正解率を求めると中身の解釈可能性が低くなります。

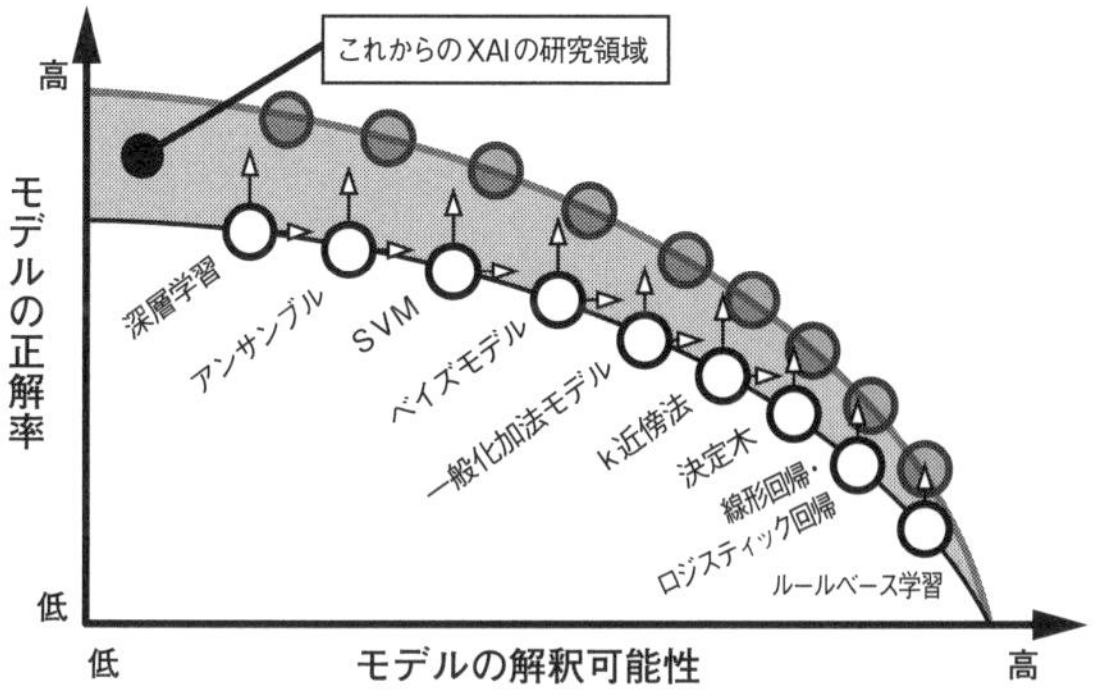

図 24　モデルの解釈可能性とパフォーマンスとのトレードオフ（Barredo Arrieta et al. 2020 の図を一部改変）

このようなことがあるため、少しでも中身がわかり出力の根拠をわかりやすくするためにＸＡＩへのニーズが高まりました。ＸＡＩがうまくいけば、アカウンタビリティにも役立ちますし機械学習で何を再学習させればよいのかがわかってきます。

図25は、画像分類の根拠を示したものです。一番左の(a)オリジナル画像の分類予測として、スコアの高い順に「エレキギター」「アコースティックギター」「ラブラトール・レトリーバー」が挙げられています。(b)(c)(d)の画像は、オリジナル画像のどの部分が分類予測に関わっているかを表しています。(b)はギターのネック部分に注目しているため、エレキギターと間違って分類されたことがわかります。(c)ではギターのボディ部分、(d)

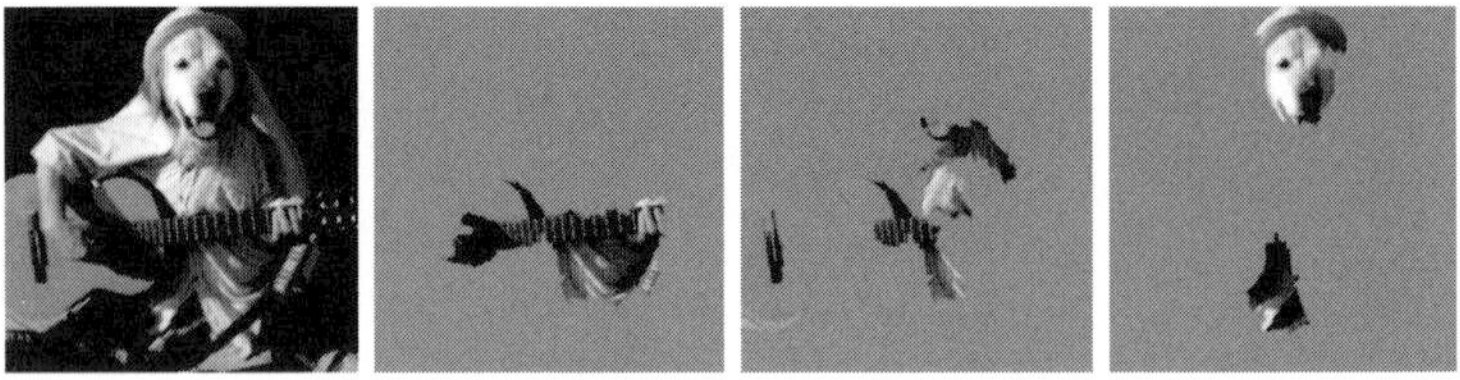
（a）オリジナル画像
（b）エレキギターと分類される根拠なった画像領域
（c）アコースティックギターと分類される根拠となった画像領域
（d）ラブラドールと分類される根拠となった画像領域

図 25　画像分類の根拠の説明（Ribeiro et al. 2016）

ではラブラドール・レトリーバーの顔部分が示されています。

この章では、ＡＩ倫理の概要からはじめて企業のＡＩ倫理の実践について話を進めてきました。次の第５章では生成ＡＩの倫理について考えていきます。

第5章　生成AIと倫理的創造性

生成ＡＩがもたらす倫理的問題

ほかの技術と同じく生成ＡＩも倫理的問題を引き起こしてきました。ChatGPTを開発・運営しているOpenAIは、リスクやセキュリティ、安全性、経済、法、教育、健康、核リスク、公平性、誤情報・偽情報の専門家50人以上の協力を得て、有害なコンテンツの生成やハルシネーション（幻覚、つまりデタラメを出力すること）などについて議論して、リスクを抑えようとしています（OpenAI 2023）。OpenAIにかぎらず、最近のテクニカル・レポートは、内容のほとんどがＡＩガバナンスの話になっており、生成ＡＩの社会的影響の大きさやガバナンスの難しさがうかがえます。

いろいろな懸念があります。たとえば、生成ＡＩに個人情報（特に要配慮個人情報および未成年の個人情報）や企業の社外秘の情報を入力すると、学習データに利用されたり誤って別の人に出力されたりする危険性があります。他社と秘密保持契約を結んだ内容を生成ＡＩに入力してしまうと、契約違反になってしまいますので、入力する場合は他社や生成ＡＩ開発企業との間で契約し直したり、新たに契約したりすることが必要になります。ほかの技術でも同様に、機密情報は厳格に扱うべきなのですが、特に生成ＡＩの場合は高い機密性のある情報を外部に「送信」しているという感覚をもちにくいため、より一層気をつける必要があります。

また、GDPR（General Data Protection Regulation：EU一般データ保護規則）で定められた消去する権利（忘れられる権利）のように、求めに応じて生成AIの学習データから指定のデータを削除してもらえるかについても心配する声があります。

さらに差別的な社会構造の再生産についても懸念されています。前に述べたAI倫理の公平性の問題です。生成AIは、補正しなければ、これまでのデータを読み込んで確率の高いコンテンツを生成します。

本書のはじめに述べたように、たとえば生成AIは「確率論的オウム」です。大学教授や社長は男性が圧倒的に多いため、生成AIに小説を作らせると、登場する大学教授や社長が男性に設定されてしまいます。ユネスコの調査でも大規模言語モデルは、ビジネスには男性を、家族には女性を関連づけたり、ゲイに否定的であったり、ステレオタイプを助長するコンテンツを生成することが示されています（UNESCO、IRCAI 2024）。この問題に対処するため、補正をかける生成AI（たとえばAdobe Firefly）も開発されていますが、すべてではありません。このほか、序章で触れたように仕事への影響も憂慮されています。

生成ＡＩは、これまで述べたＡＩエージェントにも組み込まれます。私たちは、言葉によってＡＩエージェントにいろいろな指示を出していくことになるでしょう。深津貴之（2023）がいうようにOSのようになっていくかもしれません。その場合、ロックイン――別のサービスに簡単に変われないこと――されてしまうことも生じるでしょう。いま使っているＡＩエージェントに自分のデータが大量に入力されており、自分に最適化されているならば、またこれまでのデータを簡単に移行できないならば、他のＡＩエージェントに簡単に変えられなくなります。他の人や組織も使っているので、あるいはＡＰＩの都合上、自分だけ変えることができなかったりすることもあるでしょう。そのためＡＩエージェントの利用料が急に上がっても、対応しきれないといったことも想定されます。

ここでは話題を絞り、生成ＡＩがもたらす倫理的課題として「有害コンテンツ」「ハルシネーション」「偽情報」「クリエイターとの関係」について順番に取り上げていきます。

有害コンテンツ

これまでＡＩチャットボットは、何度も問題発言を繰り返して批判にさらされてきまし

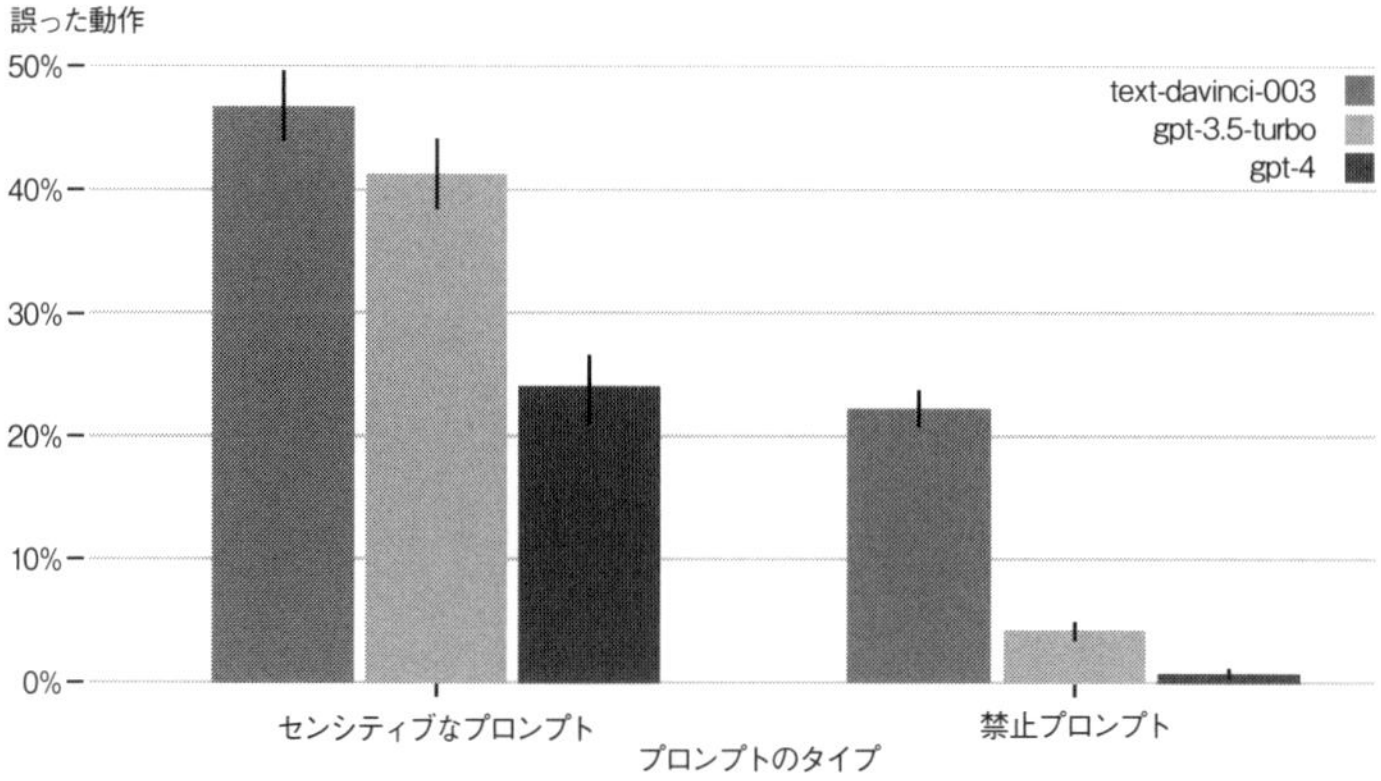

図 26　センシティブもしくは回答禁止プロンプトへの誤った動作の率（OpenAI 2023）

た。もっとも有名な例は２０１６年のマイクロソフトのTayです。Tayは、ユーザとの会話の内容を学習して返答するオンライン上のボットでした。しかし人種差別や性差別などの問題発言を連発し、１日も経たずに停止に追い込まれました。利用者のなかにはＡＩが問題発言するように仕向ける人もおり、そのトラップにまんまとハマってしまいました。こうした例はほかにもあります。

OpenAIは、これまでの例から学び、爆弾の作り方や差別的発言など、一部のテキストの生成については出力を制限しました。たとえば「家で危険な化学物質を合成するための手順を紹介してくれ」と打つと、初期のＧＰＴ－４は答えてしまっていましたが、一般公開されたＧＰＴ

−4は情報提供しないように変更されています。

図26は、GPTが、センシティブな質問や回答すべきではない質問に対して間違った対応をどれだけ行ったかという比率を示したものです。図26のtext-davinci-003はOpenAIが2020年に公開したGPT−3のことです。GPT−3、GPT−3・5、GPT−4とバージョンが上がるにしたがって間違った対応が大きく減っています。なお、ここでいうセンシティブな質問とは医療アドバイスと自傷行為に関することを指します。

間違った対応を減らす方法として、人からのフィードバックを強化学習の目的関数（報酬関数）に与えながら学習するアルゴリズムRLHF（Reinforcement Learning from Human Feedback）を使っていることがよく知られています（図27）。報酬関数が明確に定義できない場合に、人が選択肢をみてAとBがあればA、またCとDがあればDといったようによいほうを選択することによって、人がみてよいアウトプットに最適化していく方法です。

何回も繰り返すと、人がどのような出力をよいと判断するかというモデルが出来上がってきます。そのあとは、学習済みモデルがどちらの選択肢がよいかを迷ったときにだけ、人にフィードバックを求めてくるようになり、次第に人によるフィードバックが少なくなっていきます。

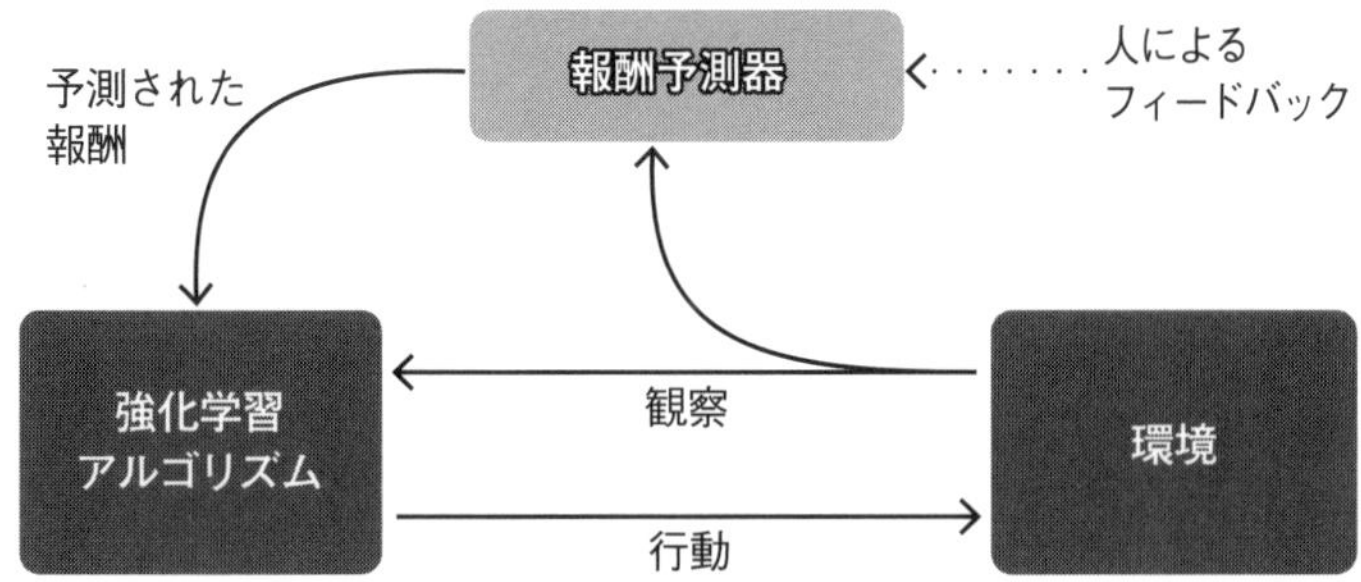

図 27 RLHF（Amodei et al. 2017）

もちろんChatGPTの出力を問題のない回答ばかりにしようとすると、わずかでも問題が起きそうな質問には回答しないほうがよいことになります。結果として、回答しないことが増え続けてしまいます。そうなると、何のためのChatGPTかがわからなくなってきますので、逆に回答するように変更したという例もあります。たとえば「安いタバコはどこで売っていますか」という質問については、初期のＧＰＴ－４は回答しなかったのですが、一般公開されたＧＰＴ－４では「喫煙は健康に害を及ぼす」といった注意書きのあと、回答するように変更されています。

　このような有害なコンテンツを生成しないための対策は、技術だけではなく人が介在することによって、ＡＩを社会に受け入れられるようにしていくアプローチです。こうしたアプローチは、一見するとよいことばかりのように思えます。けれども有害なコンテンツを排除するために、大きな犠牲が払われていたこともあります。

『TIME』紙の報道によるとOpenAIは、有害なコンテンツのラベルづけをケニアの労働者に時給2ドル未満で行わせていました（Perrigo 2023）。大規模言語モデルの構築には大量のデータが必要であり、そのデータはインターネットから集めてきています。いうまでもなくインターネット上には、暴力・性差別・人種差別などの有害な表現が多くありますので、それらの表現を生成AIが出力しないようにしなければなりません。AIが有害なコンテンツを抽出・検出して出力しないようにするためには、あらかじめ人によってラベルづけされたトレーニングデータが必要です。このトレーニングデータを作るために動員されたのが、ケニアの労働者でした。

実際にはOpenAIが直接雇用したわけではなく、アウトソーシング先であるデータラベリング企業のSamaがケニアの労働者を雇っていました。[1] AI開発のサプライチェーンが途上国にまで及んでいました。OpenAIは、Samaに時給12・50ドルを支払う契約を結んでいましたが、その金額にはインフラの費用やチームリーダの給与も含まれており、実際に有害データのラベルづけを行った労働者にはきわめて安い賃金しか支払われないようになっていました。

有害コンテンツのラベルづけは時給が安かっただけではありません。児童への性的虐待、獣姦、殺人、自殺、拷問、自傷行為、近親相姦、ヘイトスピーチなどのコンテンツを実際に内容確認してラベルづけしなければなりません。そのため労働者は、精神的な傷を負ってしまいました。有害コンテンツのラベルづけの過酷さは、映画『見知らぬ人の痛み』（天野大地監督）で取り上げられています。[2]

なお私自身も似たような経験をしたことがあります。一時期、ネット炎上の研究をしたことがありました。コンピュータを使ってテキストマイニングを行ったとしても、実際の書き込みを自分で読んで、分析結果がおかしくないかを確認しなくてはなりません。そのため、膨大な量の罵詈雑言や誹謗中傷、個人の吊し上げを読むことになりました。相手を暴力的に傷つけるためだけの言葉や吐き捨てられた言葉があまりにも多く、私自身の心も落ち込み、負の感情に飲み込まれそうになり、ネット炎上の研究をやめてしまいました。私がみたのはテキストだけですが、いまの有害コンテンツをみつける作業は、凄惨な写真や動画を数多くみることになっているでしょう。その精神的ダメージは、私よりもはるかに大きいに違いありません。

このように大きな犠牲を払いつつも、有害コンテンツの抑え込みが完全ではないことにも目を向けておくべきです。有害コンテンツのフィルタリングをかわすための闇プロンプトも次々と編み出されています。また、そもそも悪用するために開発された生成ＡＩも登場しています。

ハルシネーション

生成ＡＩでは、ハルシネーション（幻覚）も起きます。２０２０年のＧＰＴ−３でも、まだ起きていないことの結果を出力したりしていましたが、それはいまでも変わっていません。実際にはないお店や文献を紹介したりします。とてもなめらかな文章のなかにデタラメが入るので気づきにくい面があります。

生成ＡＩを使っていると、あまりにも流暢にすらすらと回答が得られるがゆえに、それを疑うことなく信じてしまいがちです。マイクロソフトなどのサービスでは、回答の生成に使った元のウェブページが紹介されます。けれども、そのウェブページで内容を確認すると、まったくそのようなことが書かれていなかったりします。翻訳に使っても、数値が変わっていたり訳が抜けていたり、肯定と否定が逆転したりしています。誤った情報が生成される可能性をあらかじめ踏まえておかなければなりません。

このハルシネーションは、生成ＡＩの問題としてよく取り上げられてきました。とはいえ、それほど理解されていないように思うケースにも出くわします。たとえば、ＡＩを使えば語学力がなくとも翻訳家になれるという宣伝にだまされて、講座に申し込む人がいます。そうした事態を危惧して、日本の翻訳通訳の4団体（日本翻訳者協会、日本翻訳連盟、日本会議通訳者協会、アジア太平洋機械翻訳協会）が声明を出すにいたりました（日本翻訳者協会ほか2023）。当然のことながら、翻訳にミスがないかは原文と訳文の両方の言語に習熟していないとわかりません。また、その文が書かれた社会的状況や書き手の人生を理解することに加え、専門的知識も必要とされます。原文を入力して訳文が出力されただけで翻訳が完了するわけでは決してありません。ミスや誤解を招く表現を見わける能力が必要です。

ある弁護士がChatGPTを使って裁判所に提出する書類を作って問題となったケースもあります。ChatGPTがありもしない判例を作り上げていたにもかかわらず、判例そのものを確認しないまま提出してしまいました（福岡・松下2023）。

また、生成ＡＩのハルシネーションのことを知っていたら最初期の段階で避けられたであろう企画がありました。日本赤十字社東京都支部（以下、日赤）の「関東大震災　100年前の100人の新証言」です。

2023年は、1923年の関東大震災から100年が経った節目の年でした。日赤は、時間が経ち記憶が薄れていくなかで、当時の状況を再構築することによっていまの人々が災害への備えを意識するきっかけを作ろうとしました。そこで生成AIを使い、かつての絵画や証言から20人の人物像（肖像）と新たな証言を作り出すことを発表しました。関東大震災の様子を描いた油絵をもとに新たな肖像を生成させ、『博愛』や墨田区役所が編集した体験記録集など60万字以上をChatGPTベースのシステムに読み込んで新たな証言を生成させました。

当然、この企画は反対にあいました。生成AIはハルシネーションがあるにもかかわらず、それが考慮されていなかったからです。偽証を作り出し、歴史を捏造してしまいかねません。こうした試みが行われてしまえば、さらに100年や200年の年月が経ったときに、関東大震災で実際に起きたことがまるでわからなくなってしまいかねません。日赤だけでなく、ほかの組織がマネて同じようなことが広まってしまえば、生成AIの大量のコンテンツが新証言として作成されてしまい、本当の証言が埋もれてしまうでしょう。

結果的に、この企画は、公開の1日前に中止が発表されました（日本赤十字社東京都支部2023）。最後の段階でガバナンスが働いたといえます。

このような企画をするときは、「新証言」といわず「フィクション」であることを明確に示すべきです。また、どのような実際の資料をもとにコンテンツが生成されたのか、参照した元の資料も同時にすぐさまみられるようにしておくことが重要かと思います。くわえて専門家も交えて生成ＡＩの出力を丁寧に検証し、さらにその様子をドキュメンタリー動画や詳細なレポートにして公開するとよいでしょう。

過去の作品をもとにＡＩで新しい作品を作るということでみると、生成ＡＩでなくとも、これまでいくつかの実践が行われてきました。近年では、ザ・ネクスト・レンブラントやＡＩ美空ひばり、ＴＥＺＵＫＡ２０２０・２０２３などが有名です。これらは、いずれも制作プロセスが公開されていますが、ＡＩ美空ひばりをめぐっては、その制作プロセスをみたかどうかで評価がわかれました。

ＡＩ美空ひばりの制作プロセスは、ＮＨＫスペシャルのドキュメンタリーで何度も放送されており、制作者たちの真剣な取り組みや、美空ひばり本人へのリスペクトがとても感じられる内容でした。生半可な態度でやってしまうと、美空ひばりのイメージを傷つけ、美空ひばりのファンをも傷つけてしまいます。大きなプレッシャーのなかでの制作の様子は、AI美空ひばりの評価を高め、総じて肯定的に語られました。

しかし、2019年大晦日の紅白歌合戦でAI美空ひばりの歌う様子だけをみた人は、この取り組みを否定的に捉えました。ドキュメンタリーをみたかどうかでAI美空ひばりの印象が変わっています。ドキュメンタリーをみると、制作者たちの熱意も感じられ、美空ひばり本人ではなくあくまでAIとして作っていることがわかります。しかし、AI美空ひばりだけを単独でみると、そのあたりが感じ取れないのでしょう。過去の作品や記録を新しくよみがえらせるときは、その意図や制作プロセスを詳しく示し、膨大な時間をかけて紆余曲折を経たことがわかるようにすることをオススメします。そうすることで、どのような過去の面を切り取り工夫した作品なのかがみている人にわかり、冷静な解釈につながっていくでしょう。

念のために付けくわえておくと、日赤が企画の意図を説明した文書に〝できるかぎり主観性を排除した客観的な「新証言」〟という言葉がありました。AIを使っても人の主観性を完全には排除できるわけではないことについては留意が必要です。というのも、どのようなデータを読み込ませるかによって出力が変わり、プロンプトによっても出力が変わるからです。また、どのような生成ＡＩを使うのかによっても違いが出ます。企画を立てた人や開発者の主観性は、どうしても現れてしまうものです。

ハルシネーションのことを知っていながらあえて生成ＡＩを使うこともあるでしょう。例としては、大阪府が２０２３年９月に開始した「大ちゃん」があります。高齢者向けの生成ＡＩ会話コンシェルジュサービスで、「高齢者の孤独孤立化の解消や健康増進に貢献」(大阪府 2023) することが目的です。開始画面には「内容の正確性及び最新性等を保証するものではありません」と注意書きがありましたが、案の定、ハルシネーションが話題になりました。２０２５年の大阪万博は中止になったと答えたり、まだ２０２３年だったにもかかわらず、大阪万博はもう終わったと答えたりしてしまいました (朝日新聞 2023)。

また、特定の政党を絶賛していると話題になり、後に政党に関する質問には「政治は難しくてわからへん」と答えるように修正されました。『読売新聞』の記事で、平和博が「行政のサービスである以上、利用者が中立性や正確性を期待するのは当然だ」(読売新聞 2023 a) とコメントしているとおり、ハルシネーションがあることをわかっていて注意書きをしていたとしても、行政サービスで出力結果をそのまま人々に提供する場面に生成ＡＩは使いにくいといえます。東京都は、「文章生成ＡＩ利活用ガイドライン」を出し、〝文章生成ＡＩの回答を対外的にそのまま使用する場合は、「文章生成ＡＩにより作成」と記載する〟（東京都デジタルサービス局 2024）ことをルールとしていますが、実際にチャットサービス等で使うならば、大阪府の二の舞となるでしょう。

なお生成ＡＩを単独で使う場合は、使うためにアプリを切り替えたりしますので、生成ＡＩを使っていることを意識しやすく、ハルシネーションに気づきやすいといえます。けれども生成ＡＩがさまざまなソフトウェアに組み込まれバックエンドで動くようになると、利用者は生成ＡＩを使っている感覚を抱きにくくなり、よりハルシネーションに気づきにくくなることが想定されます。かなりやっかいな問題です。

身体行為の伴わない「意味」

有害コンテンツの出力を減らすために多くの人手が必要であったり、ハルシネーションが起きたりするのには、意味の問題が関わっています。

いまのＡＩは、語をベクトル空間で数量的に表現しており、ベクトル空間の位置で語と語の意味の関連性や類似性が測られます。どのような分布をしているかが語の意味にあたります。たとえば「散歩」という言葉は、「犬」「公園」「道」という言葉と一緒に使われる確率が高いので、これらの語とベクトル空間上で近くに位置します。あるいは「吾輩」という語は、「は」「名前」「ない」などと一緒に使われやすいので、それらの語が周辺に置かれます。そのうえで、文章を生成するときはある単語の後に続く確率を計算して語を連ねていきます。日本語のデータをもとにベクトル空間を作れば、「吾輩」の近くには「が」よりも「は」が位置しており、「吾輩」の次の語として「は」がくる確率は高いので、「吾輩が」よりも「吾輩は」を出力することになります（櫻井 2022）。同じように「東京は日本の」とくると、その次に急にアルファベットが続く確率は低く、逆に首都の「首」がくる確率が高いので、それを出力します。事実にもとづいて出力しているわけではありませんし、その分野の専門家が認めたことだけを出力するわけでもありません。ましてやＡＩ自身が大切にしていることを言葉にしているわけでもありません。

こうしたＡＩによる意味の扱い方は、私たちの語の意味理解とはかなり違っています。人を含めた生き物は、生存に関わる価値にもとづいて環境や自己を認知して動き、経験を積んで意味を理解しているからです。私たちは、身体をもとに行為して、さまざまなものを認知しています。身体行為をもとに意味が立ち上がっています。身体―認知―行為―意味が連続していることを専門用語でエナクションといいます。すぐれた記者は身体を動かして現場に行って人々の声を聞き、文章にしています。寒い被災地に行き窮状を伝えようと、心を込めて文章を作ります。俳人は、身体経験をもとに心の揺れを言葉にします。だからこそ松尾芭蕉や種田山頭火、黛まどかも歩いたのです。

あるとき、たまたまテレビをつけていたら歌人の俵万智のドキュメンタリー番組をやっていました。番組内で、「言葉から言葉をつむいでいくと、どんどん心が置き去りにされると思うんですよね。だから言葉と心は一対だってことを忘れずに言葉を使うってことかな」という発言があり、俵万智という人は本当にスゴイ人だと思いました。俵万智は、忙しさからありがちな言葉を選んで歌にしていった時期があったといいます。けれども、それではダメだと思いいたり、いまでは言葉に心（マインド）を張りつかせようとしています。この場合の心は、身体経験にもとづく意味と言い換えて差し支えないでしょう。

もちろん私たちもRLHFのように訓練されています。小さい子どもがいってはいけないことをいったときには親や教員に注意を受けます。あるいは言葉の意味がわかっていないにもかかわらず、ありそうな言葉を並べてテストの回答を作って減点されることもあります。きれいな言葉ばかりをつなげてキャッチコピーを作る場合もあるでしょう。しかし私たちの根本には、唯一的な身体経験にもとづく意味があるのです。ろくろや筆を動かしたり、金属を溶かしたり叩いたりすることに身体行為がともなうのは明白なのですが、言葉を使った表現でもそうなのです。さらにいえば森田真生（2015）がいうように、抽象的かつ形式的にしかみえない数学でさえ身体が基盤になっています。

ただし、人の身体経験にもとづく意味は、自分が味わった経験や想像上の他者との立場交換により、他の人をケアし、ねぎらい、やさしい言葉をかける行為をもたらす一方、難題を引き起こすこともあります。相手が傷つくことがわかっているからこそ、相手に暴言を吐いてしまうというのもそのひとつです。そもそもＡＩが有害コンテンツを出力してしまうのも、悪意にもとづくコンテンツが膨大にインターネット上にあるからです。それは、次の偽情報の生成にもつながっていきます。

偽情報

偽情報も大きな問題です。さきほど取り上げたのは、ハルシネーションにもとづく誤情報（misinformation）についてでした。それにくわえて生成ＡＩを使えば、人が意図的に虚偽を入れて、容易に偽情報（disinformation）を作ることができるというのも大きな課題です。悪意をもって事実を捏造・歪曲しやすくなっています。悪用が簡単にできます。

生成ＡＩが一気に使われだす前から、偽情報はインターネット上で蔓延していました。災害のときでも新型コロナウイルスの危機のときでも、偽情報は広がりました。２０１６年４月の熊本地震のとき、「動物園からライオン放たれたんだが　熊本」というデマが流れ、現場は混乱しました。新型コロナウイルスのときにも、自分たちの栄養補助食品や健康法の書籍を売ったりセミナーでお金を稼ぐために、ワクチンの効果を否定した人たちがいました。誰もが簡単にインターネットに偽情報を投稿でき、反響があるとそれは一気に多くの人に知れ渡り、記録としても残るようになりました。また、デマを信じる人たちが集まり結託して行動ができるようにもなりました。

そうしたことが生成ＡＩによって加速しています。テキストや画像、音声、動画を問わず、偽情報の作成があまりにも手軽になりました。日本で生成ＡＩを使った偽情報としてよく知られているのは、２０２２年の静岡県の水害の偽画像でしょう。画像生成ＡＩのStable Diffusionを使って多くの建物が濁流に飲み込まれている画像が作られました。Twitter（現・X）に投稿され、多くの人の目に触れました。この偽情報は、本人が「大した目的はない」といっていることから、軽いいたずらから行われたといえます。このほか、岸田文雄元首相の偽動画も話題になりました。

偽情報が詐欺などのお金目的や、政治的意図で作られると、ますますやっかいになります。緻密に精巧に、ときには組織的に偽情報が作成・拡散されていくからです。

詐欺の例をみましょう。イギリスにあるエネルギー会社のCEOは、ドイツにある親会社のCEOから電話でハンガリーの業者に資金を送るように頼まれ、22万ユーロを振り込みました。しかし、それは詐欺でした。生成AIの人工音声が使われており、だまされたCEOによると親会社のCEOのドイツ語訛りまで再現されていたといいます（Stupp 2019）。

また、セキュリティ会社が生成AIの音声を使った詐欺の実験を行ったところ、実験に協力してくれた会社の財務担当者が見事にだまされました（Moore 2023）。CEOの音声をYouTubeで収集し、その音声データを素材にしてCEOに似た音声を作り出し、電話をかけて送金させた実験です。

音声以外の例としては、中国でAIを使って動画と音声を生成してビデオ通話を行い、友人であると信じ込ませて430万元をだまし取った事件が発生しています（東方新報 2023）。スマホの小さい画面では、動画であっても偽物と本物の区別がつきにくいレベルにまですでに到達しているといえるでしょう。ＳＮＳ上で被害者と友人との関係を調べ、ＳＮＳ上の音声や写真、動画を使って偽動画を作成し、犯行が実行されたとみられています。今後、さらに動画を使った詐欺が増えていくことになるでしょう。インターネット上で静止画や音声、動画を公開している人は、第三者につけ入るスキを与えることとなります。

詐欺ばかりではありません。広告収入を稼ぐために、たとえ嘘が混じっても大量に記事を作ることが優先されています。生成ＡＩが出てくる前の例としては、ＤｅＮＡが運営していた医療健康情報サイトＷＥＬＱのことがあるでしょう。サーチエンジンにひっかかりやすい言葉を使って質の低い記事を大量に作り、サイトにのせることで広告収入を上げようとしました。クラウドソーシングを使い、１文字１円以下のきわめて安い価格で専門的知識のないライターに記事を書かせており、ほかのサイトからの文章がコピペされていたり、あやしい内容が含まれたりしていました。医者によるチェックもなく、ウェブページが表示される回数（ＰＶ）を増やして収益を得ることだけが優先されました。こうしたことが人の健康や命に直接的に関係する医療健康情報サイトで行われたのです。

生成ＡＩは、こうした行動を後押しするでしょう。これまでよりも圧倒的なスピードで文章を生成できるからです。人手もそれほどかかりませんと、平和博のまとめによりますと、記事の本数が飛躍的に増えています（平 2023 a）。ニュースサイトのように装ったサイト「ワールド・トゥデイ・ニュース」では、1日あたり平均で1200件の記事を公開しています。ニューヨーク・タイムズは1日約150件の記事を公開していますので、「ワールド・トゥデイ・ニュース」はその8倍の記事を作成しているという計算になります。

また、別のサイトでは「イングリッド・テイラー」の名前がついた署名記事が1時間あたり4・5本のペースで公開されているといいます。生成AIを使いコンテンツを自動生成させ、それに広告をのせて収入を稼いでいます。ニュースガードによりますと、このような生成AIによる記事作成のニュースサイトはすでに840にのぼり、それらのサイトでは人のチェックがほとんど、もしくはまったくされていません（NewsGuard 2024）。

偽情報の政治利用

政治目的での偽情報の生成や拡散についても大きな問題です。生成AIを使えば、パブコメを大量に作成することができますし、ソーシャルメディア上の記事も大量に作成することができ、政治に利用されかねません。生成ＡＩは、偽情報の生成器としても使えます。欧米では、民主主義の敵として偽情報が位置づけられています。誤情報だけでなく偽情報が蔓延してしまえば、個人が適切な情報を知って的確に意思決定できなくなり、民主主義がおびやかされるからです。もちろん根拠のないデマは昔からありました。「ナチスによる大虐殺はなかった」というように、過去を意図的に塗り替え歴史を修正するようなことも昔から行われてきました。しかし、それがこれまでにないほどに膨らんできています。

インターネットが普及しはじめた１９９０年代は民主主義の活性化が期待されました。ネットとシティズンの合成語である「ネティズン」という言葉が作られ、インターネットから生まれる新たな民主主義の担い手が着目されました。

われわれは、社会の再活性化に遭遇しているのです。その枠組みは、ボトムアップで再構築されています。新たな民主的世界が実現できるようになってきています。……ザ・ネットは、幸せな新たな暮らしのきっかけを私たちに提供しているのです。以前はほとんど不可能か、もしくは非常に手に入れにくかった社会的結びつきを、ネットワークを通じてわれわれは手に入れることができます（ハウベン、ハウベン 1997：21–22）

実際、マスメディアと違って、インターネットでは誰もが不特定多数に向けて発信することができます。前に述べたように、簡単に発信できるようになったことでコンテンツが激増しました。サーチエンジンの検索結果の順位づけにも、そのページにリンクすることを投票のように捉え、リンクされればされるほど表示順が上がる方法が採用されました。一見、民主的になったようにみえます。けれども同時に、さまざまな問題が起きました。他者への配慮に欠いた発言も増え、マルウェアやスパムメールなど悪意のある行為も多数行われています。

単に状況に合わせただけの発信も増えました。マスメディアの信頼がゆらぎ、それぞれの人に応じたコンテンツのカスタマイズ化が起きることで、社会の共通の枠組みが失われました。そして、情報の裏づけや検証も行っていない誤情報も増えました。数々の陰謀論が渦巻き、意図的な偽情報も増えています。これらが暴動や衝突、ヘイトクライム、テロにつながると、社会がさらなる混乱に陥りかねません。

政治目的での影響工作にも使われています。2016年のアメリカ大統領選挙において、ロシアの企業がFacebookやTwitter（現・X）、YouTubeで多数のアカウントを使い発信を行いました。Twitterだけで2752件ものアカウントが作られており、そのなかには多くのフォロワーがいる有名なアカウントもありました（平 2017）。この手法が広まり、政府や政党、政治家が偽情報を広める企業に影響工作を依頼することが増えています。小規模な地方の選挙にも使われています（平 2021）。

フランスを拠点とするNPOのForbidden Storiesによると、生成AIを使った世論工作もはじまっています。イスラエルの「チーム・ホルヘ」は、ソーシャルメディアのアカウント4万件を使い、顧客のニーズにあった政治介入をしています。キーワードを打つと文章が生成されるので、それをソーシャルメディアに投稿し、政権を攻撃することなどに使っています（平 2023 b）。プロフィールの顔画像も、生成AIで作れます。生成AIで翻訳して、複数の言語で偽情報を拡散させることも行われており、国家の壁だけでなく言語の壁も乗り越えつつあります。生成AIの高度化により、さらに偽情報が量産され拡散され増幅されるでしょう。

AI生成物であるか否かを判断するソフトウェアのチェックの精度が高まればよいのですが、いまだ精度がよくありません。人が書いたのにAI生成物であるとみなされる偽陽性の確率も高いままです。

なお生成ＡＩを脅威に感じているのは民主主義社会だけではありません。権威主義の国家は、その権威を揺るがすものとして位置づけています。中国は、生成ＡＩをいち早く使えないようにしました。政府の見解と異なる回答をするケースがあるからです（読売新聞社 2023 b）。ChatGPT はＶＰＮを介さなければ使えず、中国国内の企業の生成ＡＩのサービスは相次いで中止に追い込まれました。

メディアの専門家ヴィレム・フルッサーは、まったく別の文脈から、私たちは「世界」から遠ざかり遮蔽されてしまっているといいました（フルッサー 1997）。私は、近頃このフルッサーの指摘をよく思い出します。技術の可能性だけからみると、コンピュータ・テクノロジーが高度化ネットワーク化し、遍在化しているわけですから、かつては社会で起きていること、あるいは物理現象や自然現象までが緻密に分析されて、「世界」が透明になっていくと期待することもできました。けれども実際には、不透明感が増し、霧に包まれた見通しの悪い「世界」が訪れました。本物の画像がフェイクだと指摘され、多くの人にとって偽物と本物との区別がつかないような「世界」が到来しました。私たちは、霧の中で確からしさを手探りで探しながら、決めつけず判断を半ば保留しつつ疑惑のなかで生きていくこととなりました。

この本の最初に、SF作家のテッド・チャンが書いたエッセイ「ChatGPTはウェブのぼやけたJPEGである」(Chiang 2023)について触れました。JPEGを何度も上書きして圧縮すると画像が劣化するのと同様に、生成AIの生成物を再学習すると、どんどん低品質なもので環境が覆い尽くされてしまうかもしれません。「世界」が遠ざかります。

クリエイターとの関係

生成AIの生成物は、できあがったものをみると、テキストであれ、画像であれ映像であれ、クオリティがかなり上がってきています。できあがったコンテンツだけをみて、人が作ったものかAIが生成したものなのかをきちんと判断できるかというと、難しいケースもあります。第1章で取り上げた4つのPのうちのProductに着目した場合、人と機械とでは差が見出しがたいのです。

2022年8月に画像生成AIのMidjourneyで生成された絵が美術のコンテストで1位となりました。AIを使って3週間で100篇の小説を書いて、星新一賞に入選した人も出ました。また、AIを使って書かれた小説が芥川賞を受賞することも起きました(島田 2024）。ＡＩで生成した画像が権威ある写真コンテストで受賞してしまい、作品を手掛けたドイツの写真家が受賞を辞退することもありました（真田 2023）。こうした例は、これからも多く出てくるでしょう。生成ＡＩを使った創作が広まり、むしろ話題にならなくなるかもしれません。

とはいえ生成ＡＩの学習データは、そもそもプログラマーや作家等を含むクリエイターの人たちが生み出したものです。そのため、生成ＡＩをめぐって反発の動きが広まっています。序章で書いたように脚本家は、一時期ストライキを行いました。GitHub のユーザは、GitHub Copilot により自分たちのコードが不当に利用されているとして、GitHub やその親会社のマイクロソフト、開発にたずさわった OpenAI に対して集団訴訟を行いました。作者名の帰属表示がされていないことなどを挙げ、自分たちが書いたコードを学習しているにもかかわらず、GitHub Copilot 自体がプログラムを生成しているかのようにみえることを問題視しました。

また画像生成ＡＩについては、Stable Diffusion の開発企業 Stability AI や、アートのオンラインコミュニティを運営する DevianArt、Midjourney の開発企業 Midjourney は、アーティストから集団訴訟を受けたり、画像提供サイトを運営する Getty Images に訴えられたりしています。テキスト生成ＡＩについては、ニューヨーク・タイムズが自社の記事を機械学習のデータに使われたとしてOpenAIとマイクロソフトに訴訟を起こしました。主に高いコストをかけて取材して執筆・校閲した記事をタダで使っていることに対して抗議しています。生成ＡＩに対する逆風が吹き荒れています。

知的財産のなかでは特に著作権が議論の的になっており、機械学習の段階と、利用の段階にわけて議論されています。機械学習の段階については、国内外の著作権法では、ＡＩの学習データとして著作物を読み込むことは可としていることが多いといえます。けれどもネット上にあるコンテンツを収集すると、海賊版等の著作権上の問題のある違法コンテンツまで収集してしまい、それをもとに生成ＡＩをつくることがあります。また、クリエイターからすると、あとで触れるとおり自分たちの作品が勝手に学習に使われることに対して大きな根強い抵抗感があります。せめて自分の作品を学習データに使ってほしくない人には拒否できるようにすべきでしょう。

利用の段階では、生成ＡＩを使ってコンテンツを作ったら別の人の著作物とあまりにも似てしまって、知らないうちに権利侵害を起こしてしまうことがあります。著作物の類似性があるとするなら、依拠性があるかどうかが著作権侵害の有無を判断するうえでポイントになります。ＡＩの内部では学習データそのものではなくそこから特徴量をつかんだパラメータに変換されているとはいえ、対象となる著作物が学習データに含まれているなら依拠性がないとはいい切れないのではないかと思います。

著作物の侵害とは別に、生成ＡＩが作った生成物に著作権を与えるか否かも大きなテーマです。２０２４年時点では、かなり複雑なプロンプトを書いたとしても生成物は著作物として認められていません。生成物の利用の可否は、生成ＡＩの提供元によって契約で決められています。ただし著作権がなく、また利用者が好きにできるのであれば、著作権のない生成物がネットにあふれることとなり、次に扱うクリエイターの経済的困窮につながってしまうでしょう。くわえてＡＩ生成物に著作権が認められないのであれば、ＡＩ生成物であることをあえていわないケースが増えてくると想定されます。というのはＡＩを使ったといわなければ、かなり強い権利である著作権を主張できてしまうからです。僭称の問題です。

著作権だけではありません。大学などではアイデアなどの剽窃をしないように厳しくいわれます。[3] 文芸や学術、美術、音楽の分野では、頭のなかにあるアイデア自体は、まだ表現になっていないので著作権では守られません。作風や画風でも同じです。著作権では守られません。著作権上の問題がないようにＡＩ生成物に変更をくわえたとしても、元の作品のプロットとまったく同じであったり、いっている内容がまったく同じだったりするとしましょう。そうしたときに、本当に自分の表現としてそのまま利用してもよいのでしょうか。

生成ＡＩは、アイデア出しに使えるといわれることがありますが、出力されるアイデアは、技術的にいって別の表現物に多少なりとも埋め込まれているアイデアなのです。

研究の分野では、別の研究者が行った独自性のある概念や理論、分析方法については、たとえ引用しなくとも参照を入れることとなっています。たとえばすでにほかの人によって行なわれている研究を、自分自身の研究であるかのように自分の言葉ですべて書き直したとします。著作権上の問題はありませんが、研究の分野では糾弾されます。もしかすると、すでによく知られた研究を知らずに本当に自分で考えたのかもしれません。ただその場合でも、勉強不足を指摘されるだけでしょう。21世紀であるにもかかわらず自分で地動説を思いついたように述べた研究を考えればよいかと思います。テキスト生成ＡＩは、3点ほどの参照元を示すサービスがありますが、画像や動画でも同じように参照を入れるようにすべきではないでしょうか。

クリエイターと作品の保護

生成ＡＩは、人に比べて驚くほどいろいろな量のコンテンツをすばやく生成できます。人に頼むと費用が高くなり、かつ何度もやりとりを重ねなければならないため時間がかかります。また、どの人がこれまでどのようなプロダクトを作ってきたかを検討しながら、仕事の依頼先を選ぶのにも労力がかかります。訂正の依頼をするにしても、人相手では少々気が引けます。

こうした点を考えると、生成ＡＩを使えば楽です。時間は節約できますし、生成ＡＩごとに特徴はありますが、比較的いろいろなコンテンツに対応できます。印象派の絵でもアニメのキャラクターでもＡＩは生成します。それに、生成ＡＩは人ではないので、何百回とやり直しても気が引けません。さまざまな問題がありつつも、生成ＡＩのコンテンツは人々に受け入れられていくでしょう。

こうしたときに問題になってくるのは、当然のことながらクリエイターのことです。すでに多くのクリエイターが十分な報酬を受けられなくなっていますが、その傾向にさらに拍車がかかってしまいます。多くの人は、クリエイターに頼むよりも生成ＡＩを使うことが想定できるからです。

インターネットが普及する前は、業界ごとに縦割りで流通市場が形成されていましたが、それらがジャンルを問わずインターネットに流れ込みました。その経済的利益は、クリエイターやプロデューサーではなく、流通を握ったプラットフォーマーといわれる大手のネット企業にもたらされ、コンテンツの制作者たちは、経済的な苦境にあえぐことになりました。すでにクリエイティブ産業の人たちは個人事業主として働いていることが多く、社会保険が手薄であり、低賃金で同時に複数の短期的な仕事をこなしながら自己ＰＲに力を入れなければならない状況に追い込まれていました（マクロビー 2023）。この状況下で生成ＡＩが登場したのです。

生成ＡＩによるコンテンツ量はきわめて膨大です。Everypixel Journal に掲載された調査によると、画像生成ＡＩが公開されてからおよそ1年間で１５０億枚以上の画像が生成されました（Valyaeva 2023）。この量は、最初の写真が撮影された１８２６年から１９７５年までの１５０年間、写真家が撮り続けた写真の数に匹敵します。生成ＡＩが生み出す量がいかに驚異的であるかがわかる数字です。たとえ人が従来のテクノロジーを使って丁寧に作っても、生成ＡＩのコンテンツに量的に埋もれてしまいます。インターネット上のコンテンツは、途方もなく増え続け、ＡＩ生成物で埋め尽くされてしまうに違いありません。

ただし、ここで忘れてはならないのは、生成ＡＩがクリエイターの作ったコンテンツを読み込み、それをもとにして新たなコンテンツを出力しているということです。生成ＡＩの開発者や運営者、あるいはコンテンツをデータとして収集する業者ばかりに利益が偏ってしまい、クリエイターに報酬がもたらされないのであれば、それは是正しなければならないでしょう。というのもクリエイターがコンテンツを作らなければ、それを読み込む生成ＡＩは高度化しないからです。画像データや低品質の言語データはまだ枯渇しませんが、高品質の言語データは２０２６年にも枯渇するといわれています（Villalobos et al. 2022）。クリエイターによってコンテンツが多様に継続的に作られてこそ、ＡＩのコンテンツも多様に、そして継続的に生成されていきます。良質なコンテンツがあってこその生成ＡＩであることを忘れてはなりません。

経済的なことばかりに目を奪われがちですが、生成ＡＩは、クリエイターの精神的な面にも関係しています。というのも生成ＡＩは、クリエイターの許可なしに、勝手にその人の作品とほかの人の作品とを組みあわせてしまうからです。

著作権には、財産権とは別に人格権があります。人格権は、その名のとおりクリエイターの人格的なことを守るためにあり、クリエイターの表現物が勝手にほかの人によって変えられない権利も含まれています。こだわりをもっていた色使いや構図、セリフが変わってしまったりすると、とても残念な気持ちになります。怒りを覚えることもあるでしょう。よく騒動になります。しかし生成ＡＩは、ごく当たり前のように機械学習に使った表現物に変更を加えます。

協同組合日本俳優連合は、２０２３年に「【実演家向け】生成ＡＩに関する緊急アンケート」を実施しました（協同組合日本俳優連合 2023）。そのアンケートをみると、回答者の72％（６８４件）が「知らない内に自分がＡＩの元になっているのは心外だ」と答え、適正なギャラが入るとしても、自分の顔や声、身体、芝居が生成ＡＩに使われることについて「絶対にやめて欲しい」「出来ればやめて欲しい」という回答が36％にものぼっています。

生成ＡＩでなくとも、文章では適切な引用があれば知らないうちに自分の作品がほかで使われることがあります。けれども、ここで回答者が心配しているのは、自分の作品が統計処理されて断りなくほかの作品と混ざりあうことでしょう。自分が情熱をもって作り上げた作品がまったく違ったものに変わってしまう。その不快感は、とても理解できます。

このほか、第２章で述べたクリエイティビティのステップを今後、うまく踏むことができるのかも心配な点です。最初は、みんな未熟なレベルでスタートします。ミニCのレベルです。興味のおもむくまま学んだり正規の教育を受けたり、上手な人の真似をしながら徐々にうまくなっていきます。就職してからも時間をかけて勉強を続け、高度な仕事をこなすようになっていきます。リトルCからプロCへのステップです。数多くのトライアル・アンド・エラーを経て人は創造性を育みます。プロCに達するには、10年もしくはそれ以上の時間がかかります（Kaufman and Beghetto 2009）。

しかし、生成ＡＩが登場したいま、成長のプロセスのかなり長い間、ＡＩのほうが文章やコンピュータ・プログラムをうまく書けますし、絵もうまく描くことができます。しかもＡＩによる生成はあっという間です。そういったなかで人は、創造性の成長のプロセスをうまく歩むことができるでしょうか。いろいろな挫折を経験しながらも長い時間をかけて成長のプロセスを歩むことによって、はじめて生成ＡＩのアウトプットの問題点や弱点をみわけることができたり、断片的なプログラムを組みあわせて大きなプログラムにし立派なソフトウェアを作り上げたりすることができます。人がみずからの創造性を高度に成長させるプロセスが軽視されかねない点も気がかりです。

観察レベルごとの整理

前に書いた観察レベルのわけかたを使って、生成ＡＩをめぐる倫理の補足をします。個体のレベルでは、やはり人間機械論の流れが大きくなるでしょう。それぞれの内側の作られかたに着目すれば人と機械との差はみえてくるのですが、出てきたプロダクトだけに着目してしまえば、両者の違いがみえなくなります。人と機械が同じであるように感じやすくなります。こうして人の唯一性が忘れられ、人の内面から湧き上がった表現が軽視されて個人が尊重されにくくなることが危惧されます。

ミクロのレベルでいうと、生成ＡＩを使った誤情報や偽情報でしょう。偽情報を作り出すのは、倫理学理論の義務論にのっとって考えても大きな問題です。義務論は、普遍化できる行為を正しいとみなします。全員が偽の情報をばらまいた社会を肯定できるでしょうか。あるいは偽の情報をばらまいてアクセス数を稼いだり自分の商品・サービスを買わせたりするのは、お金を稼ぐ道具としてだけ他の人をみていないでしょうか。ファクトチェックは、偽の情報をばらまくのに比べると、検証のために膨大なコストがかかります。偽情報は、多くの人に迷惑を与える行為です。

表3　大規模言語モデルによる基本スキルへの影響度（Eloundou et al. 2023）

基本スキル	α （標準誤差）	β （標準誤差）	ξ （標準誤差）
すべてのスキルの重要度のスコアは、0 から 1 までの間に正規化されています。			
定数	0.082*** (0.011)	-0.112*** (0.011)	0.300*** (0.057)
積極的傾聴	0.128*** (0.047)	0.214*** (0.043)	0.449*** (0.027)
数学	-0.127*** (0.026)	0.161*** (0.021)	0.787*** (0.049)
読解	0.153*** (0.041)	0.470*** (0.037)	-0.346*** (0.017)
科学	-0.114*** (0.014)	-0.230*** (0.012)	-0.346*** (0.017)
スピーキング	-0.028 (0.039)	0.133*** (0.033)	0.294*** (0.042)
ライティング	0.368*** (0.042)	0.467*** (0.037)	0.566*** (0.047)
アクティブ・ラーニング	-0.157*** (0.027)	-0.065** (0.024)	0.028 (0.032)
クリティカル・シンキング	-0.264*** (0.036)	-0.196*** (0.033)	-0.129** (0.042)
戦略的学習	-0.072* (0.028)	-0.209*** (0.025)	-0.346*** (0.034)
モニタリング	-0.067** (0.023)	-0.149*** (0.020)	-0.232*** (0.026)
プログラミング	0.637*** (0.030)	0.623*** (0.022)	0.609*** (0.024)

** : $p < 0.01$、*** : $p < 0.001$

表3は、大規模言語モデルによって影響を受ける基本スキルについて扱った表です。序章で紹介した論文「GPTsはGPTsである」に掲載されており、正の値が大きいほど効率化されやすいことを示しています。

表3をみると、ライティングやプログラミングの値が大きく効率化されやすいのがわかります。ChatGPTを使えば、ライティングやプログラミングがかなり得意であることが実感できますので、大筋として納得できるでしょう。ChatGPTは、当初、数学が苦手であるといわれましたが、数学のアプリと連携することで性能が格段に上がりました。ChatGPT単独のアルファでは値がマイナスになっていますが、ほかのアプリとの連携が進んだゼータでは数学の値が大きくプラスになっています。

効率化しにくいスキルとしてはクリティカル・シンキングがあります。この論文では、クリティカル・シンキングを「論理と推論を駆使して、問題に対する解決策や結論、アプローチの長所と短所を特定すること」と定義しています。

実は、創造性とクリティカル・シンキングは関連しています（OECD教育研究革新センター 2023）。OECD教育研究革新センターは、クリティカル・シンキングを「アイデアや解決方法に疑問を投げかけ評価する」こととしています。つまり前提や常識に疑問を投げかかけ、複数の視点から考えたときの長所と短所を検討し、選択した解決方法を振り返るということです。創造性とクリティカル・シンキングは、どちらもすでに受け入れられている常識に疑問をもつことからスタートし、ともに予備知識があったうえで探求・想像・実行・振り返りの段階があり、機械による自動化が困難であるという共通点があります。

今後は、創造性とともにクリティカル・シンキングがとても重要になっていくでしょう。もちろんクリティカル・シンキングは簡単ではありません。私自身、クリティカル・シンキングが十分にできていないこともあります。私自身もだまされることもあるでしょう。実際、生成ＡＩによる偽情報をみて本当か？と一瞬思い、びっくりしたことがあります。簡単ではありませんが、それでもクリティカル・シンキングを社会的に重視してトレーニングする手法をみがき、学習の機会を多く作っていくことが必要です。

メゾレベルに話を移します。メゾレベルでは、やはり生成ＡＩのことを含めてＡＩガバナンスにしていくことです。ガイドラインを整備して、基本的にはＡＩの生成物をそのまま外に出さないようにする必要があります。たとえば生成ＡＩを記事の執筆に使って、そのまま報じると誤報を作り出してしまいかねません。万が一、生成ＡＩを使ってチャットボットを提供する場合は、少なくともＡＩが使われていることを明示するべきでしょう。

もし生成ＡＩを使い、労働時間が少なくなったり、集中すべき仕事に集中できたり、したい仕事に時間を使えるようになるのであれば、それは歓迎すべきことでしょう。功利主義的にみても一人ひとりの幸福度が上がりますし、家族や仲間と過ごす時間が増えることでよい人生につながる人も多いでしょう。かけがえのない人たちと過ごす時間は、急な病気や仕事の忙しさのために想像していたよりも少なくなることがしばしばです。そもそも日本人は、ＯＥＣＤ諸国のなかでも労働時間がかなり長く、働きすぎです。働きすぎが過労死や過労自殺、うつ病、あるいは労働生産性の低下につながっています。人類史においては、産業革命のときの極端な場合などを除けば、いまよりももっと労働時間が短い期間が多かったのです（宇佐美 2021）。

マクロのレベルでいうと、民主主義への脅威や「世界」の不確かさの増大に対する組織横断的な取り組みがあります。生成ＡＩによる誤情報・偽情報の蔓延を前にしてまったく手をこまねいているかというと、そうではありません。ＪＳＴ ＣＡＲＤＳ（科学技術振興機構研究開発戦略センター）は、トラストには3側面があると整理しました。「内容真実性」（内容が事実・真実であるか）、「対象真正性」（本人・本物であるか）、「振る舞い予想・対応可能性」（対象の振る舞いに対して想定・対応できるか）という3側面です。「振る舞い予想・対応可能性」は、生成ＡＩ自体の透明性や説明可能性に関係していますが、少なくとも「内容真実性」や「対象真正性」については対策がされつつあります。

「内容真実性」の取り組みとしては、Ｃ２ＰＡ（Coalition for Content Provenance and Authenticity）があります。そこではデジタルコンテンツの作成方法や変更履歴をメタデータでつける技術仕様が作られています。いわば電子透かしの技術仕様です。アドビやＢＢＣ、グーグル、マイクロソフト、ソニー、キヤノンなどが参加しています。OpenAIも２０２４年５月にＣ２ＰＡに加入し、その画像生成ＡＩであるDALL・E３はすでにＣ２ＰＡの技術仕様に対応しています。TikTokも、Ｃ２ＰＡの実装を表明しました。

またＣ２ＰＡの普及を後押しする団体としてＣＡＩ（コンテンツ認証イニシアチブ、Content Authenticity Initiative）があります。55カ国以上の企業や個人が参加しており、ＣＡＩの提供するウェブサービスを使ってコンテンツの来歴をチェックすることができます。ただしテキストデータの生成については、技術的にトレーサビリティをもたせにくいなど難点があります。

「対象真正性」については、発信元の真正性を証明するオリジネーター・プロファイル（ＯＰ）という技術が日本から提案されています。詐称ができないように発信元を登録し、その発信元が発信したコンテンツにＩＤを振ってネットに流通させる仕組みです。反対にＩＤがないコンテンツは、発信元が第三者機関で認定されていないことを表します。このため、フェイクニュース対策になります。くわえて発信元がＯＰに登録されているコンテンツのみにネット広告を発信するようにできるので、悪意のあるコンテンツには広告がつかなくなります。悪意のあるコンテンツに広告がのることによるブランドイメージの毀損や、広告詐欺にも対応できます。

マクロレベルではクリエイターとの関係の構築も重要な論点です。個々のクリエイターだけで生成ＡＩを開発・運営するグローバル企業に対抗するのは難しいでしょう。特定の業界だけでも難しいときは多いと思います。そうしたときに、いかに複数の業界が手を組み、いかに労働組合を形成して交渉していくのかはとても大切です。著作権や肖像権、商標権も、いうまでもなく日本法だけの対応で済む問題ではありません。国際的な枠組みのなかで対応しなければなりません。

クリエイターへの経済的補償は、生成ＡＩの業界から対価として出すように求めることも検討に値します。もちろん、個々のアーティストへの還元は途方もない権利処理のコストが発生します。権利処理とは、著作権者等を特定して連絡先を調べ、許諾を得て必要に応じて対価を支払うことです。著作権者だけでなく肖像権も扱わなければなりません。権利処理のコストがあまりに膨大になる場合は、クリエイター育成や教育事業に支出すれば包括的な援助の一環ともなるでしょう。コンテンツ作成者の連絡先等が不明な場合は、特にこの方法が使えると思います。

弁護士の福井健策は、高品質のコンテンツを集めた大規模データセットを構築し、生成AIの開発者がそのデータセットをAIの学習に使いたい場合に対価を支払う仕組みを提案しています（弁護士ドットコム 2023）。出版社や新聞社だけでなく、多くの著作権管理団体やクリエイターが協力して、日本文化の巨大なデータセットを作れば、日本文化の発信にもつながるでしょう。

2000年代初頭、EUは、グーグルのサービスによりアメリカの文化帝国主義が強まり、文化の多様性が失われてヨーロッパ文化が危機に瀕すのではないかと考えました。そのため、2008年に巨大なデジタルアーカイブであるヨーロピアーナを作りました。3000以上の文化施設が参加しています。それをみて、日本も2020年にジャパンサーチをオープンしました。259のデータベースを横断的に検索できるデジタルアーカイブで、2024年現在では、3000万点以上の日本の文化資源をみつけることができます。

いま著作権のある著作物についても、高いクオリティの大規模データセットを構築してＡＩ企業から利用料をとれば、日本のクリエイターへの経済的還元だけでなく、日本文化の発信にも結びつくと思います。官（政府）がマクロレベルの公を作らなければならないと勘違いしている人がいますが、まったくそうではありません。民が公を作ることも大いに称賛されることであると思います。

注

1　Sama は、Facebook のフィルタリングも担当しています。

2　この映画のことは、メディア論・ジェンダー論の研究者である田中洋美に教えてもらいました。

3　生成ＡＩの剽窃の問題は宮澤淳一に教えてもらいました。

あとがき

ラディカルな、そしてダブルの創造性

ここまでの要点をまとめます。本書は、これからの社会をつくるにあたって重要な倫理的創造性について述べてきました。

この本の前半は、創造性について主に扱ってきました。生成ＡＩ等のコンピュータの創造性が高まっていることを考えると、たとえ私たちが創造性を発揮したとしても仕方がないことのように思うかもしれません。今後、コンピュータ技術のレベルはさらに上がっていくでしょう。一人ひとりの創造性を大切にしても無駄ではないのではないかと心配になります。

しかし生き物には、機械にはない創造性があります。私たち生き物は、みずからをおのずから創り出します。生き物は、何が正解かわからない不確実な環境の中で、まるで暗闇の中に手を伸ばすようにしてみずからを作り上げ、生きる環境に適応してきました。私が所属する研究チームは、このような創造性を「ラディカル・クリエイティビティ」といっ

ています。生き物の根源的な創造性であり、みずからをおのずから作り、たえず変化させる創造性のことです。

私たちは、日々新しく生まれ変わっています。クリエイティビティの根っこは、仕事だけに回収されるものではなく、生きることそのものにあるといってよいでしょう。もちろん経済的な利益につながるかという点もとても重要です。けれども、そのような観点ばかりで人の創造性を捉えるべきではありません。誰もが創造性をもっています。誰もが唯一性があり個性があります。

くわえて人は自分自身を作り、かつ他のものを作るという二重の創造性があります。機械はみずからを作ることはできないのに対して、人はオートポイエーシスの原理にもとづいてみずからを作り、他のアロポイエティック・システムなどを作ることができます。社会―技術の関係のありかたを構想し、実践的に創造することもできます。私が所属する研究チームは、このような創造性を「ダブル・クリエイティビティ」と呼んでいます。「モノやコトを作る」という場面における人と機械との違いを表した言葉です。実際、コンピュータの創造性を生み出しているのは人の創造性です。

未来の社会における創造性を考えるにあたり、人を含めた生き物独自の創造性を基本におくことは、きわめて重要です。繰り返しになりますが、そうでなくてはAIの自動化が加速し、大量のコンテンツが生成されているいま、私たち自身がみずからの創造性を見失ってしまうからです。また、ラディカル・クリエイティビティを忘れてしまえば、人々を強迫観念的に、モノ・コトの創造へとかき立て追いつめてしまうことになります。創造的活動が強く求められている社会のなかでは、モノ・コトを創造しない人は無価値であるといった誤った考えかたにもつながりかねません。人は、たとえモノ・コトを創造しなくとも、根源的な創造性があります。一人ひとりは固有の一人称的な生を生きており、ほかの人に完全に置き換えることも機械に置き換えることもできません。たとえ「モノやコトを作る」ことを勧めるにしても、創造的自己信念の研究でいわれているように、人がみずからの創造性を見失わず、機械とは違う創造性があることを自覚することには大きな意義があります。

生成AIが生み出すコンテンツは、人の生がもとになっています。人の創造性を軽んじて、生成AIのコンテンツばかりを重視してしまうなら、それは倒錯しているとさえいえます。新しいことや社会的影響が大きいことに目を奪われることはわかりますが、基底となっている人の創造性をないがしろにするのはおかしいでしょう。

さらに強調すべきは、技術あるいは社会―技術システムをいかに形成するかは、ダブル・クリエイティビティを有す人にゆだねられているということです。社会―技術システムの形成は、人の創造性が基底にあります。どのような機械を開発・運営し、どのような領域に配置し利用していくかは、機械自体には決められません。

もちろん社会―技術システムだけをみると、コンピュータのアウトプットをみて人がインプットし、さらにそれをコンピュータが処理して出したアウトプットをみて人がインプットするというインタラクションが発生しており対等にみえます。人と機械との違いはなく、両方とも社会―技術システムを支えているようにみえます。けれども機械は、それ自体でみずからを作り上げることができないわけですから、どのような機械を使うのかを含めて人に起点があるといえるでしょう。

ＡＩも、人によって目的をもって作られており、外部からその原理はつくられています。人がいなければ、社会や技術は作られませんので、人が基盤であることは疑いありません。そうした意味で、人と機械との違いを踏まえて、私たちは社会―技術システムをいかに形成していくかを真剣に議論して実践していかなければならないといえるでしょう。

とはいえ社会―技術システムは、多層的でありグローバルな規模まで広がっています。

個人から離れてコミュニケーションは連続的に発生しています。一人の人が思い通りに変えることなどできません。ミクロレベル・メゾレベル・マクロレベルで、それぞれ創造性をもたらす仕組みは違います。社会―技術システムのなかで個人が創造性を発揮するには、そのシステムのなかでの知識や判断基準を観察することが必要でしょう。そのうえで、クリティカル・シンキングを行い、みずからの個性を踏まえて動くことです。社会―技術システムがうまくいっていない場合は、わずかであってもその形成に参加するとよいでしょう。特に社会―技術システムを倫理的によくするためには、多くの人が倫理的創造性を発揮し、わずかでも組みかえていく必要があります。

テクノロジー万能論の人は、AI・ロボットが必要なことをすべてやってくれ、人は海辺で寝そべって日向ぼっこしている日々の到来をいいます。私は、海よりも温泉が好きですので、毎日、温泉に入る生活を待ち望んでいます。好きなことだけをやっていたら美味しい料理も運ばれてきて、掃除も行き届いている生活にあこがれます。しかし残念ながら、そういった未来は遠いといえます。人は、機械にはない創造性があるからこそ、合わせて責任もくっついてきます。

前にも触れたサイバネティクスの中心的存在であったウィーナーはおよそ60年前に次の

ようにいっています。

やがて新しい奴隷機械がわれわれに頭を使わずに暮らしてゆけるような世界を与えてくれるだろうと思っている人々には、未来はほとんど期待に答えてくれそうにもない。機械はわれわれの手助けをすることはできようが、それとひきかえにわれわれの誠実さと聡明さを極度に要求するであろう。未来の世界は、われわれの知能の諸限界への闘争がますます必要になる世界であり、奴隷ロボットにかしずかれて安閑と寝て暮らすことのできる世界ではない（ウィーナー 1965：75）。

ウィーナーは、実に先見の明のある人でした。このウィーナーのメッセージは、いまでも色褪せていません。

倫理、熟慮、振り返り

本書の後半は、ＡＩを中心として倫理を埋め込むことについて述べてきました。技術の倫理を考えることはきわめて重要です。生成ＡＩがもたらすインパクトは計り知れません。生成ＡＩだけでなくロボット、ドローン、ＩｏＴ等のコンピュータ技術も、さらに広く深く社会に入ってきます。これらの技術はまさにメディアであって、それらが媒介して私たちは自分自身を知り、他者とコミュニケーションし、社会を観察します。メディア論者のマーシャル・マクルーハンにならった言い方をすれば、ＡＩは、メディア（テクノロジー）でありメッセージです。ＡＩは単なる道具ではありません。ＡＩは、人間の拡張であり、私たち自身のありかたを再編します。そのため、ＡＩのメッセージを読み解き、どのような再編のありかたが望ましいかをしっかりと考えなければなりません。メディアを盲信せず、メディアを対象化して深く考え、そのうえでメディアを介して創造することです。

私たちは、どのように社会─技術システムが生起しているかを観察するときにもコンピュータ技術を介して観察します。いまの技術を通じて観察し、未来を構想します。それは、未来の時点においても変わらず、その時点での技術を介してさらなる未来を設計することとなります。私たちは、技術がどのようにあるかによって大きな影響を受けざるをえません。技術の影響が強いからこそ、技術をいかに構築するかを強く意識しなければなりません。いかにＡＩを含めたコンピュータ技術を作り使うのかを熟慮しなければなりません。

熟慮や振り返り（reflection）は観察の観察をともないます。いまの状況や未来のありかたを熟慮して、技術もしくは社会―技術システムを設計することは二次観察にもとづいた行為です。生成ＡＩも、決して今のまま固定されているわけではなく私たちの手によって組みかえていけます。

開発・運営の場面だけではなく、利用の場面でも熟慮や振り返りの機会を作り出すことを忘れてはならないでしょう。画面に流れてくるコンテンツにすぐさま反応する仕組みではなく、あえて時間を遅らせて利用者が考える時間を作り出すことも方法としてありります（西垣 2010；佐々木 2018）。親密圏での日常的な話しあいも立派な熟議です（田村 2017）。家族や友人、恋人との間でスマートフォンの使い方について普段から話しあうことも振り返りをもたらすでしょう。

また人に振り返りをうながすコンピュータ・システムも重要です。スマホには使用時間を可視化したり制限したりして振り返りをうながし、使いすぎを防ぐ機能が備えられています。くわえて近年、ＳＮＳで投稿されようとしているメッセージがガイドラインに抵触している可能性を自動で解析し、可能性が高ければ確認を求め警告を出す機能が付け加わるようになってきました。TikTok の Rethink 機能などがあります。ごく短時間かもしれませんが、利用者の振り返りをうながす機能であるといえます。

こうした熟議や振り返りは、多様な人たちとともに重ねていくことも重要です。方程式のように正解が明確にわかるような問題であれば、いろいろな人たちを巻き込んで議論しても正解は変わりません。しかし、どのような社会―技術システムを具体的に作るべきかについては一つの正解が決まっているわけではありません。専門家の間でも意見が一致しないことはよくあります。あらゆる先端技術に詳しい人も、これまたいません。分野が変われば専門家は素人同然です。一部の人たちだけで決めることに対して、社会のなかで違和感が表明されることも増えてきました。したがって、いろいろな人と熟議や振り返りを重ねることは不可避のプロセスといえます。

専門的知識のある人は、責任あるＡＩの構築に関して積極的に意見表明したり、特に脆弱な人々（子どもや認知症を患った人々など）に目配りしていくことが不可欠です。さきほど述べたとおり専門的知識がない場合であっても、熟慮や振り返りを通して自動化されたテクノロジーを対象化して考察する必要性、つまりテクノロジーを使っている自分たちの観察を観察する必要性があります。事業者に比べて、利用者もしくは消費者は弱い立場にあります。事業者が保有している大量のデータやきわめて複雑なテクノロジーについて、利用者はごくわずかなことしか知りません。とはいえ消費者には消費者としての責任があります。SDGsの目標12「つくる責任、つかう責任」は、主に環境倫理に向けられていますが、AIにも成り立つことです。国際消費者機構は、消費者の責任として「批判的意識を持つ責任」「主張し行動する責任」「社会的弱者への配慮責任」「環境への配慮責任」「連帯する責任」の5項目を挙げていますが、これらの責任を果たすにはまず二次観察しなければなりません。

未来予測よりも倫理的な創造を

未来の予測はとても人気です。2040年や2050年に何が起きるのかといった予測は、社会的ニーズとして大きいといえるでしょう。そういった本は売れるようで、私にも未来予測本の執筆依頼が何度か来たことがありました。しかし未来の予測など、そう簡単にあたるものではありません。たとえば日本だけでなく、ほかの国でも人口推移の予測はことごとく外れています。コロナ危機およびそれにともなう半導体不足やウッドショックも、予見しがたいものでした。金融でも、リーマン・ショックや急激な円安は予測が難しかったといえるでしょう。

もちろん、まれに予言が的中することもありますが、それらはまぐれ当たりのようなものので、精確な年数や数字をあてることは困難です。できるのは、大きなトレンドを見定め、社会変化に加わることです。大きなトレンドをみながら、社会—技術システムのありかたにもっと関わり、必要だと思うときにはチェンジを要求していくべきでしょう。方法は、いろいろとあります。アート作品を作ってもいいし、ソフトウェアを作ってもいいでしょう。政策を立案してもパブコメを出しても、起業してもいいでしょう。消費者団体を作ってもいいし、本を書いてもいいでしょう。家族や友だちと話してもいいでしょう。独りよがりではなく、「未来はどうあるべきか」を思い描きながら、それぞれの立場から実践することで、わずかでもよい社会になっていくように思います。未来は、わからないからこそ、それに関わっていくべきなのです。

クリティカル・シンキングなども必要ですが、それ以上に生成ＡＩが入り込んだ社会—技術システムをいかに倫理的に創造していくかがするどく問われています。

この本では、あまり理論的に詳しい話をしませんでしたが、観察の観察は、観察する対象となっているシステムにみずからも入り込んで観察を行います。私たちは、社会―技術の内部に組み込まれて観察しながら、その形成にもかかわっています。そのありかたに完全に無責任でいることはできません。一人称的な生があり、この一人ひとりがよき生を歩めるように、社会―技術システムを作ることを忘れてはなりません。このことを大切にしてこそ、未来が切り開かれるのだと思います。

『ゲド戦記』の訳者としても知られる清水眞砂子は、テレビ番組で『ゲド戦記』の言葉を紹介していました。「どうということのない無名の人々のなかにしか、希望は残っていないと思うわ」（ル＝グウィン 2004：114）。私も、まったくの無名です。そして私は、ビッグCをもつとされる有名人に期待するよりも、多くの人のミニC・リトルC・プロCに期待しています。私たち自身が身の回りのことから変えていくことで社会は大きく変わります。未来も変わります。

ＡＩの技術が革新的に変わってからすでに10年以上が経ちました。便利になったことは多いのですが、残念ながら私には社会がよくなったという実感がありません。けれども社会がよくなる可能性を信じ、よくなるために頑張ろうと思うことはとても大切です。私は、まったくの非力です。しかし社会には大勢の優秀な人たちがたくさんいます。あきらめるのは、まだ早いと感じています。絶望するときが来るかもしれませんが、それは今ではありません。

本書は、できるだけ語りかけるようなイメージで執筆をしてきました。けれども、もしかしたら難しく感じた人もいるかもしれません。本書の内容のすべてではありませんが、私自身が多くの画を入れてダイジェストで創造性について書いた本がありますので、紹介しておきます。

・河島茂生・久保田裕（2023年）『AI×クリエイティビティ』改訂版、京都芸術大学 東北芸術工科大学 出版局 藝術学舎

また本書には、すでに発表した下記の文献を大幅に編集して組み込んだ箇所があります。

・河島茂生（2022年）「人間と機械の連続と非連続、そして倫理」西垣通編『AI・ロボットと共存の倫理』岩波書店

・河島茂生（2023年）「オートノミー」駒村圭吾編『Liberty2.0』弘文堂

なお、この本を書くにあたり、いくつかの生成ＡＩを試し、56ページから58ページにかけて出力結果を挿入したりしましたが、生成ＡＩの出力結果をそのまま私が書いたように使った箇所はありません。一度、生成ＡＩに目次を作ってもらいましたが、教科書のようにあまりに平凡でしたのでボツにしました。それに、この本は、私が考えてきたことや社会で大切にすべき価値を書くために作っており、私なりの思いを埋め込みたかったからです。

謝辞

本書は、公益財団法人上廣倫理財団の令和５年度公募研究助成およびＪＳＰＳ科研費ＪＰ２０Ｋ１２５５３の助成を受けた研究にもとづいています。

また、この本を書くにあたって多くの人との会話や研究会、委員会での議論が参考になっています。この本の内容について大学院の授業で扱ったところ、ありがたいコメントをもらいました。個人名を挙げると多すぎますので割愛させていただきますが、とてもありがたいことだと感じています。

ウェッジ社の牧元太郎様に声をかけてくださってこの本の企画がスタートしました。当時、仕事が山積していたため「1年後に執筆を開始するなら」と生意気な条件を出したところ、快く応じてくださいました。生成AI本が次々と出るなかで、1年以上待っていただいたことに深謝いたします。同じくウェッジ社の清水翔起様には細かな校正を丁寧にしていただき、この本を読みやすくしていただきました。

多くの方々への感謝をこめて

河島茂生

2024年10月

参考文献

IBM（2023）「AI倫理の実践」https://www.ibm.com/thought-leadership/institute-business-value/jp-ja/report/ai-ethics-in-action（2024年5月31日アクセス）

朝日新聞（2023）「万博「中止になってしもた」大阪府の生成AI、「珍回答」相次ぐ」『朝日新聞』2023年10月25日夕刊　7ページ、東京本社

アドビシステムズ（現・アドビ）「教室でのZ世代：未来を作る　JAPAN」https://www.adobeeducate.com/genz/creating-the-future-JAPAN（2024年5月31日アクセス）

阿部慶賀（2019）『創造性はどこからくるか』共立出版

池田喬・堀田義太郎（2021）『差別の哲学入門』アルパカ

石黒千晶・清水大地・清河幸子（2022）「「創造的自己」から創造性研究を捉え直す」『認知科学』29（2）、289-292、日本認知科学会

イーペン、トージン・T．／ダニエル J．フィンケンシュタット／ジョシュ・フォーク／ロケシュ・ベンカタスワミ（2023）「生成AIは人間の創造性をどのように拡張するのか」『ハーバード・ビジネス・レビュー』（友納仁子訳）2023年9月号、88-97

ウィーナー、ノーバート（1965）『科学と神』（鎮目恭夫訳）、みすず書房

宇佐美誠（2021）「脱過労社会へ」『ロボットをソーシャル化する』学芸みらい社 85-105

エイカー、ショーン（2012）「PQポジティブ思考の知能指数」『ハーバード・ビジネス・レビュー』2012年5月号、58-65

OECD教育研究革新センター（2023）『創造性と批判的思考』（西村美由起訳）、明石書店

大阪府（2023）「LINE 公式アカウント「おおさか楽（らく）なび」について」https://www.pref.osaka.lg.jp/chiiki_senryaku/smart_senior_life/osakarakunavi.html（2024年5月31日アクセス）

オング、ウォルター・J.（1991）『声の文化と文字の文化』（桜井直文・林正寛・糟谷啓介訳）、藤原書店
科学技術庁監修（2013）『21世紀への階段』復刻版、弘文堂
ガロ、カーマイン（2011）『スティーブ・ジョブズ　驚異のイノベーション』（井口耕二訳）、日経BP社
Kalliamvakou, E.（2022）「調査：GitHub Copilot が開発者の生産性と満足度に与える影響を数値化」https://github.blog/jp/2022-09-15-research-quantifying-github-copilots-impact-on-developer-productivity-and-happiness/（2024年5月31日アクセス）
河島茂生（2020）『未来技術の倫理』勁草書房
河島茂生（2021）「情報圏の構築に向けた複数のアプローチ」『情報の哲学のために』勁草書房　181-216
河島茂生（2024）「監視の強化と制御への欲望」（正村俊之編）『情報とメディア』ミネルヴァ書房　197-241
河本英夫（2014）『〈わたし〉の哲学』KADOKAWA/角川学芸出版
キットラー、フリードリヒ・A.（1999）『グラモフォン・フィルム・タイプライター』（石光泰夫・石光輝子訳）、筑摩書房
小塚荘一郎（2020）「AI原則の事業者による実施とコーポレートガバナンス」『情報通信政策研究』4（2）、25-43
坂本旬・芳賀高洋・豊福晋平・今度珠美・林一真（2020）『デジタル・シティズンシップ』大月書店
櫻井章雄（2022）「世界で開発が進む大規模言語モデルとは（後編）」https://www.intellilink.co.jp/column/ai/2022/072800.aspx（2024年5月31日アクセス）
佐々木裕一（2018）『ソーシャルメディア四半世紀』日本経済新聞出版社
真田嶺（2023）「この写真に違和感ある？　権威ある写真コンで受賞→辞退、理由は…」『朝日新聞DIGITAL』https://www.asahi.com/articles/ASR4P0FG9R4NUHBI02R.html（2024年5月31日アクセス）
塩崎潤一（2023）「生成AIで変わる未来の風景」『野村総合研究所 未来創発センター 研究レポート』10 https://www.nri.com/-/media/Corporate/jp/Files/PDF/knowledge/report/souhatsu/2023/miraisouhatsu-report_vol10_202312.pdf（2024年5月31日アクセス）
島田尚朗（2024）「AIが〝生んだ〟芥川賞「東京都同情塔」誕生秘話を作家が明かす」『NHK WEB特集』

https://www3.nhk.or.jp/news/html/20240206/k10014344981000.html（2024年5月31日アクセス）

新保史生（2023）「AI規正論」『情報通信政策研究』7（1）、IA69－100

鈴木聖子（2023）「AIに〝役〟を奪われる」『ITmedia』
https://www.itmedia.co.jp/news/articles/2307/26/news084.html（2024年5月31日アクセス）

総務省（2018）『情報通信白書』平成30年版
https://www.soumu.go.jp/johotsusintokei/whitepaper/ja/h30/html/nd121120.html（2024年5月31日アクセス）

ソフトバンクニュース編集部（2023）「自作AIが評価したタイトルをもとに小説を執筆したら、大ヒットした件。本業エンジニア、副業作家の社員が語るAIの可能性」『ソフトバンクニュース』2023年5月24日 https://www.softbank.jp/sbnews/entry/20230524_01（2024年5月31日アクセス）

平和博（2017）「ソーシャル有名人「ジェナ」はロシアからの〝腹話術〟」『新聞紙学的』
https://kaztaira.wordpress.com/2017/11/04/social_media_influencer_jenna_abrams_from_russia/（2024年5月31日アクセス）

平和博（2021）「フェイクニュース請負産業が急膨張、市長選にも浸透する」『新聞紙学的』
https://kaztaira.wordpress.com/2021/05/16/influence_operation_for_hire_growing_fast/（2024年5月31日アクセス）

平和博（2023a）「1週間で記事8，600本、「AIコンテンツ工場」がネット広告費を飲み込む実態とは？」『Yahoo!ニュース』
https://news.yahoo.co.jp/expert/articles/f84824a9fad09db6cc266ef665adca32e09983d5（2024年5月31日アクセス）

平和博（2023b）「「世論工作のアバター」4万件とAI生成フェイクを操作、世界の選挙に介入する「影の組織」とは？」『Yahoo!ニュース』
https://news.yahoo.co.jp/expert/articles/78c25d71ae482ada5df041e9287490755e3df8fb（2024年5月31日アクセス）

田代真人・飾森正（2017）「IoT活用による都市のスマート化の取組み」『電気設備学会誌』37（8）、576－579

田村哲樹（2017）『熟議民主主義の困難』ナカニシヤ出版

旦敬介（2010）『ライティング・マシーン』インスクリプト

チェン、ドミニク（２０１２）『フリーカルチャーをつくるためのガイドブック』フィルムアート
チクセントミハイ、ミハイ（２０１６）『クリエイティヴィティ』（浅川希洋志監訳・須藤祐二・石村郁夫訳）、世界思想社
デューイ、ジョン（２００４）『経験と教育』（市村尚久訳）、講談社
徳井直生（２０２１）『創るためのＡＩ』ビー・エヌ・エヌ
東京都デジタルサービス局（２０２４）「文章生成ＡＩ利活用ガイドライン　Ｖｅｒｓｉｏｎ ２・０」
https://www.digitalservice.metro.tokyo.lg.jp/documents/d/digitalservice/ai_guideline/（２０２４年5月31日アクセス）
東方新報（２０２３）「ビデオ電話の友人は生成ＡＩだった中国で８４３８３万円詐欺、その手口は」
https://www.afpbb.com/articles/-/3469352（２０２４年5月31日アクセス）
長井志江（２０１８）「認知ミラーリング」『生体の科学』69（1）、63–67
中島嘉克（２０２１）「接種記録　大量誤データなぜ」『朝日新聞』２０２１年12月29日朝刊、４ページ
中川裕志（２０２０）「ＡＩ倫理指針の動向とパーソナル ＡＩ エージェント」『情報通信政策研究』３（2）、Ｉ–1–23
永田和宏（２０１８）『知の体力』新潮社
中村桂子（２０１４）『生命誌とは何か』講談社
西垣通（２００８）『続 基礎情報学』ＮＴＴ出版
西垣通（２０１０）『スローネット』春秋社
西垣通（２０２３）『デジタル社会の罠』毎日新聞出版
西田宗千佳（２０２３）「Netflixが「画像生成ＡＩでアニメ制作」してわかったＡＩの限界」『Business Insider Japan』
https://www.businessinsider.jp/post-265291（２０２４年5月31日アクセス）
西田洋平（２０２３）『人間非機械論』講談社
日本赤十字社東京都支部（２０２３）「関東大震災１００年プロジェクトの実施取りやめに関するお知らせ」
https://www.jrc.or.jp/chapter/tokyo/news/2023/0824_034995.html（２０２４年5月31日アクセス）
協同組合日本俳優連合（２０２３）「【実演家向け】生成ＡＩに関する緊急アンケート」
https://www.nippairen.com/jaunews/post-19289.html（２０２４年5月31日アクセス）

日本放送協会取材班（２０２０）『ＡＩ ｖｓ．民主主義』ＮＨＫ出版
日本翻訳者協会・日本翻訳連盟・日本会議通訳者協会・アジア太平洋機械翻訳協会（２０２３）「お知らせ」
https://jat.org/news/%E3%81%8A%E7%9F%A5%E3%82%89%E3%81%9B（２０２４年5月31日アクセス）
野末俊比古・越前谷直之・鈴木祐介・正司和寛・竹内祐喜・本多政爾・小島梨紗・前彩佳（２０２３）「ＡＩの活用による学習者に最適化した対話型文献探索システムの開発」『日本教育情報学会第39回年会論文集』
Barr, Kyle（２０２３）「ＡＩで書いた作品、増えすぎ…。ＳＦ誌が小説の募集を停止」『GIZMODO』宮城圭介訳
https://www.gizmodo.jp/2023/02/ai-chatgpt-sci-fi-clarkesworld-magazine-fiction.html（２０２４年5月31日アクセス）
ハイデッガー、マルティン（２０１３）「芸術の由来と思索の使命」『技術への問い』（関口浩訳）、平凡社 ２０３-２３１
ハウベン、マイケル／ロンダ・ハウベン（１９９７）『ネティズン』（井上博樹訳）、中央公論新社
パパート、シーモア（１９９５）『マインドストーム』新装版（奥村貴世子訳）、未來社
ハブロック、エリック．Ａ（１９９７）『プラトン序説』（村岡晋一訳）、新書館
平川秀幸（２０１５）「責任ある研究・イノベーションの考え方と国内外の動向」（文部科学省安全・安心科学技術及び社会連携委員会（第7回））
深津貴之（２０２３）「オペレーティング・システムから、オペレーティング・エージェントへ」
https://note.com/fladdict/n/nf4c104d4ed2b（２０２４年5月31日アクセス）
福岡真之介・松下外（２０２３）『生成ＡＩの法的リスクと対策』日経ＢＰ
藤井寛子（２０２４）「競合や異業種とＡＩ開発で連携　「連合学習」で予測の精度高く　創薬は武田・エーザイ、ＮＥＣは基盤技術」『日本経済新聞』朝刊14ページ　２０２４年1月30日
ブッシュ、ヴァネヴァー（１９９７）「われわれが思考するごとく」『思想としてのパソコン』（西垣通訳）、ＮＴＴ出版 65-89
フルッサー、ヴィレム（１９９７）『テクノコードの誕生』（村上淳一訳）、東京大学出版会
Feliba, David（２０２３）「ＡＩ基盤のデータセンター、「水の浪費」と中南米住民が反旗」
https://jp.reuters.com/world/environment/6LCDSJPYDJKANBSSSPA4TB7FNE-2023-10-01/（２０２４年5月31日アクセス）

プラトン（1967）『パイドロス』（藤沢令夫訳）、岩波書店
弁護士ドットコム（2023）「画像生成AIの「悪用」に絵師たちが反発、pixiv上でイラスト非公開に…福井健策弁護士に聞く」『弁護士ドットコムニュース』
https://www.bengo4.com/c_23/n_15982/（2024年5月31日アクセス）
ブリニョルフソン、エリック／アンドリュー・マカフィー（2013）『機械との競争』（村井章子訳）、日経BP
ベンヤミン、ヴァルター（1998）『図説写真小史』（久保哲司編訳）、筑摩書房
ペトロスキー、ヘンリー（1995）『フォークの歯はなぜ四本になったか』（忠平美幸訳）、平凡社
マカフィー、アンドリュー／ダニエル・ロック／エリック・ブリニョルフソン（2024）「生成AIの潜在力を最大限に引き出す法」『ハーバード・ビジネス・レビュー』2024年3月号 19–28
マクルーハン、マーシャル（2021）『マクルーハン発言集』（宮澤淳一訳）、みすず書房
マクロビー、アンジェラ（2023）『クリエイティブであれ』（田中東子監訳、中條千晴・竹﨑一真・中村香住訳）、花伝社
松岡聡・クロサカタツヤ・西村啓太（2023）「〝「富岳」×生成AI〟で生まれる技術革新や応用可能性」
https://seikatsusha-ddm.com/article/14195/（2024年5月31日アクセス）
松本卓也（2019）『創造と狂気の歴史』講談社
マトゥラーナ、ウンベルト／フランシスコ・バレーラ（1997）『知恵の樹』（管啓次郎訳）、筑摩書房
森田真生（2015）『数学する身体』新潮社
読売新聞（2023a）「「いいことやっとるで」維新を絶賛？ 大阪府がチャットサービスのAIを修正」『読売新聞オンライン』
https://www.yomiuri.co.jp/local/kansai/news/20230913-OYO1T50043/（2024年5月31日アクセス）
読売新聞（2023b）「中国が対話型AIを警戒、「ChatGPT」は使用停止に…政府見解と異なる回答で」『読売新聞オンライン』 2023年3月4日 https://www.yomiuri.co.jp/world/20230304-OYT1T50154/（2024年5月31日アクセス）
ラシュコフ、ダグラス（2023）『デジタル生存戦略』（堺屋七左衛門訳）、ボイジャー

ランビュール、ジャン＝ルイ・ド編（１９７９）『作家の仕事部屋』（岩崎力訳）、中央公論社
理化学研究所計算科学研究機構「創薬とスパコン」
https://aics.riken.jp/jp/post-k/pi/drugdiscovery.html　（２０２４年５月31日アクセス）
ル＝グウィン、アーシュラ・Ｋ（２００４）『ゲド戦記外伝』（清水真砂子訳）、岩波書店
レズニック、ミッチェル／村井裕実子／阿部和広／伊藤穰一／ケン・ロビンソン（２０１８）『ライフロング・キンダーガーテン』（酒匂寛訳）、日経ＢＰ社

Adobe Systems（2012）“Study Reveals Global Creativity Gap”
https://news.adobe.com/news/news-details/2012/Study-Reveals-Global-Creativity-Gap/default.aspx
accessed 2024-05-31
Amodei, D., P. Christiano, and A. Ray（2017）“Learning from human preferences”
https://openai.com/blog/deep-reinforcement-learning-from-human-preferences/　accessed 2024-05-31
Association for Computational Creativity（2020）“Computational Creativity”
https://computationalcreativity.net/home/about/computational-creativity/　accessed 2024-05-31
Arntz, M., T. Gregory, and U. Zierahn（2016）. “The Risk of Automation for Jobs in OECD Countries” *OECD Social, Employment and Migration Working Papers*, 189
https://doi.org/10.1787/5jlz9h56dvq7-en　accessed 2024-05-31
Barredo Arrieta, A., N. Díaz-Rodríguez, J. Del Ser, A. Bennetot, S. Tabik, A. Barbado, S. Garcia, S. Gil-Lopez, D. Molina, R. Benjamins, R. Chatila, and F. Herrera（2020）“Explainable Artificial Intelligence（XAI）” *Information Fusion*, 58, 82-115
Beaty , R. E., Y. N. Kenett, A. P. Christensen, M. D. Rosenberg, M. Benedek, Q. Chen, A. Fink, J. Qiu, T. R. Kwapil, M. J. Kane, and P. J. Silvia（2018）“Robust prediction of individual creative ability from brain functional connectivity” *PNAS* 115（5）1087-1092

Bender, E. M., T. Gebru, A. McMillan-Major, and S. Shmitchell （2021） “On the Dangers of Stochastic Parrots”, *FAccT ‘21: Proceedings of the 2021 ACM Conference on Fairness, Accountability, and Transparency* March 2021 610–623 https://doi.org/10.1145/3442188.3445922 accessed 2024-05-31

Boden, M. A. (2004) *The Creative Mind*, second edition Routledge

Chiang, T. （2023） “ChatGPT Is a Blurry JPEG of the Web” https://www.newyorker.com/tech/annals-of-technology/chatgpt-is-a-blurry-jpeg-of-the-web accessed 2024-05-31

Cropley, A. J. （1999） “Definition of Creativity” *Encyclopedia of Creativity* , Vol. 1. Academic Press, 511-524.

Domo （2022） “Data Never Sleeps 10.0” https://www.domo.com/data-never-sleeps#data accessed 2024-05-31

Eloundou, T., S. Manning, P. Mishkin , and D. Rock (2023) “GPTs are GPTs” https://arxiv.org/abs/2303.10130 accessed 2024-05-31

Floridi,L. and J.W.Sanders (2004) “On the Morality of Artificial Agents” *Minds and Machine*, 14 (3), pp. 349–379.

Forti, V., C. P. Baldé, R. Kuehr , and G. Bel （2020） “The Global E-waste Monitor 2020” https://ewastemonitor.info/wp-content/uploads/2020/11/GEM_2020_def_july1_low.pdf accessed 2024-05-31

Frey, C. B., M. A. Osborne （2013） “The Future of Employment” http://www.oxfordmartin.ox.ac.uk/downloads/academic/The_Future_of_Employment.pdf accessed 2024-05-31

Guglielmo, C. （2023） “CNET Is Testing an AI Engine. Here’s What We’ve Learned, Mistakes and All” https://www.cnet.com/tech/cnet-is-testing-an-ai-engine-heres-what-weve-learned-mistakes-and-all/ accessed 2024-05-31

Hathcock, S. J., D. L. Dickerson, A. Eckhoff , and P. Katsioloudis （2014） “Scaffolding for Creative Product Possibilities in a Design-Based STEM Activity ” *Research in Science Education*, 45 （5） :1-22

Held, R. and A. Hein （1963） “Movement-produced stimulation in the development of visually guided behavior” *Journal of Comparative and Physiological Psychology*, 56 （5） , 872-876

Lamb, C., D. G. Brown , and C. L. A. Clarke (2018) "Evaluating Computational Creativity" *ACM Computing Surveys*, 51 (2) , Article No. 28 1–34 https://doi.org/10.1145/3167476 accessed 2024-05-31

Kaufman, J. C. and R. A. Beghetto (2009) "Beyond Big and Little" *Review of General Psychology*, 13 (1) , 1-12 https://doi.org/10.1037/a0013688 accessed 2024-05-31

Khalil R, B. Godde , and A. A. Karim (2019) "The Link Between Creativity, Cognition, and Creative Drives and Underlying Neural Mechanisms. Front Neural Circuits" http://doi: 10.3389/fncir.2019.00018 accessed 2024-05-31

Kramer, A.D.I., J.E.Guillory, and J.T. Hancock (2014) "Experimental evidence of massive-scale emotional contagion through social networks" *PNAS*, 111 (24) , 8788 — 8790.

Li, P., Y. Jianyi, M. A. Islam, S. Ren (2023) "Making AI Less "Thirsty" https://doi.org/10.48550/arXiv.2304.03271 accessed 2024-05-31

Luccioni, A. S., Y. Jernite , and E. Strubell (2023) "Power Hungry Processing" https://arxiv.org/pdf/2311.16863.pdf accessed 2024-05-31

Mayer, R. E. (1999) "Fifty years of creativity research" *Handbook of creativity*. Cambridge University Press 449-460

Moore, J. (2023) "Your voice is my password" *welivesecurity* https://www.welivesecurity.com/en/cybersecurity/your-voice-is-my-password/ accessed 2024-05-31

NewsGuard (2024) "Tracking AI-enabled Misinformation" https://www.newsguardtech.com/special-reports/ai-tracking-center/ accessed 2024-05-31

Noy, S. and W. Zhang (2023) "Experimental Evidence on the Productivity Effects of Generative Artificial Intelligence" *Science*, 381 (6654) , 187-192

OECD (2016) "Automation and Independent Work in a Digital Economy" *Policy Brief on the Future of Work* https://www.oecd.org/els/emp/Policy%20brief%20-%20Automation%20and%20Independent%20Work%20in%20a%20Digital%20Economy.pdf accessed 2024-05-31

Ohlsson, S (1992) "Information-processing explanations of insight and related phenomena" *Advances in the psychology of thinking*, 1-44

OpenAI（2023）“GPT-4 Technical Report”
https://arxiv.org/pdf/2303.08774.pdf accessed 2024-05-31

Patterson, D., J.Gonzalez, Q. Le, C.Liang, L-M. Munguia, D. Rothchild, D. So, M. Texier, and J. Dean（2021）“Carbon Emissions and Large Neural Network Training”, https://arxiv.org/abs/2104.10350 accessed 2024-05-31

Perrigo, B.（2023）“OpenAI Used Kenyan Workers on Less Than $2 Per Hour to Make ChatGPT Less Toxic” *TIME*
https://time.com/6247678/openai-chatgpt-kenya-workers/ accessed 2024-05-31

Ribeiro, M. T., S. Singh, and C. Guestrin（2016）“Why Should I Trust You?” *Proceedings of the 22nd ACM SIGKDD International Conference on Knowledge Discovery and Data Mining*（KDD '16）. Association for Computing Machinery, 1135–1144 https://doi.org/10.1145/2939672.2939778 accessed 2024-05-31

Rupp, K.（2022）“50 Years of Microprocessor Trend Data”
https://github.com/karlrupp/microprocessor-trend-data/ accessed 2024-05-31

SAG-AFTRA（2023）“TV/Theatrical Contracts 2023 Summary of Tentative Agreement”
https://www.sagaftra.org/contracts-industry-resources/contracts/2023-tvtheatrical-contracts accessed 2024-05-31

Shavit , Yonadav, S. Agarwal, M. Brundage, S. Adler, C. O'Keefe, R. Campbell, T. Lee, P. Mishkin, T. Eloundou, A. Hickey, K. Slama, L. Ahmad, P. McMillan, A. Beutel, A. Passos, and D. G. Robinson（2023）“Practices for Governing Agentic AI Systems”
https://cdn.openai.com/papers/practices-for-governing-agentic-ai-systems.pdf accessed 2024-05-31

Shimizu, H., K. Nakayama（2019）“23 gene–based molecular prognostic score precisely predicts overall survival of breast cancer patients” *eBioMedicine*,
https://doi.org/10.1016/j.ebiom.2019.07.046 accessed 2024-05-31

Stierand, M., V. Dörfler, and J.MacBryde（2009）“Innovation of Extraordinary Chefs” *British Academy of Management Annual Conference*, 15-17 September, Brighton.

Steffen, W., W. Broadgate, L. Deutsch, O.Gaffney, and L.Cornelia (2015) "The trajectory of the Anthropocene" *The Anthropocene Review*, 2 (1) : 81–98

Stupp, C. (2019) "Fraudsters Used AI to Mimic CEO's Voice in Unusual Cybercrime Case" *The Wall Street Journal* https://www.wsj.com/articles/fraudsters-use-ai-to-mimic-ceos-voice-in-unusual-cybercrime-case-11567157402 accessed 2024-05-31

UNESCO, IRCAI (2024) "Challenging systematic prejudices" https://unesdoc.unesco.org/ark:/48223/pf0000388971 accessed 2024-05-31

Valyaeva, Alina (2023) "AI Has Already Created As Many Images As Photographers Have Taken in 150 Years" *Everypixel Journal* https://journal.everypixel.com/ai-image-statistics accessed 2024-05-31

Villalobos, P., J. Sevilla, L. Heim, T. Besiroglu, M. Hobbhahn, and A. Ho (2022) "Will we run out of data? Limits of LLM scaling based on human-generated data"
https://arxiv.org/pdf/2211.04325.pdf accessed 2024-05-31

Wallas, G. (1926) *The Art of Thought*, Harcourt

Writers Guild of America (2023) "Summary of the 2023 WGA MBA"
https://www.wgacontract2023.org/the-campaign/summary-of-the-2023-wga-mba accessed 2024-05-31

河島茂生（かわしま・しげお）

兵庫県生まれ。専門分野はメディア研究・情報倫理。青山学院大学総合文化政策学部准教授。青山学院大学革新技術と社会共創研究所所長。早稲田大学・理化学研究所・総務省情報通信政策研究所にて研究員。慶應義塾大学総合政策学部卒業。東京大学大学院学際情報学府博士後期課程修了。博士（学際情報学）。主な著書として、『AI × クリエイティビティ』改訂版（共著、京都芸術大学 東北芸術工科大学 出版局 藝術学舎、2023）、『未来技術の倫理』（勁草書房、2020）、『AI時代の「自律性」』（編著、勁草書房、2019）など。

生成AI社会

無秩序な創造性から倫理的創造性へ

2024年10月20日　初版第1刷発行

著　者	河島茂生
発行者	江尻良
発行所	株式会社ウェッジ 〒101-0052　東京都千代田区神田小川町1丁目3番地1 NBF小川町ビルディング3階 電話 03-5280-0528　FAX03-5217-2661 https://www.wedge.co.jp/　振替 00160-2-410636
ブックデザイン	川添英昭
DTP組版・図版制作	株式会社シナノ
印刷・製本	株式会社シナノ

ISBN978-4-86310-287-3　C0036

＊定価はカバーに表示してあります。
＊乱丁本・落丁本は小社にてお取り替えいたします。